deutsch.kombi plus 5

Arbeitsheft für das 9. Schuljahr

Herausgegeben von:
Sabine Utheß

Erarbeitet von:
Hans-Werner Huneke
Gerd Schemel
Horst Schierhorn
Sabine Utheß
Burkhard Vollmers

Ernst Klett Verlag
Stuttgart · Leipzig

Inhalt

Sprechen, Zuhören, Spielen; Schreiben; Lesen und Literatur – Umgang mit Texten und Medien

R, G, S Rechtschreibung, Grammatik, Sprachbetrachtung

Je nach Situation

1 Prüfe, in welchen Situationen solche Aufforderungen angemessen, in welchen unangemessen sind. Skizziere jeweils zwei Beispiele, z. B.:

„Gehen Sie aus dem Weg!“

Angemessen: Der Notarzt bahnt sich den Weg zu einem Unfallopfer. Er sagt den Satz zu den gaffenden Menschen.

Unangemessen: Man sagt den Satz zu den wartenden Menschen an der Zugtür, die ebenfalls einsteigen wollen.

Aber Achtung! In manchen Beispielen sind die Äußerungen in keinem Fall angemessen, sondern immer unhöflich.

1. **„Merkst du nicht, dass du störst?“**

Angemessen: ______________________

____

Unangemessen: ______________________

____

2. **„Entschuldigung, wenn ich störe …“**

Angemessen: ______________________

____

Unangemessen: ______________________

____

3. **„Stell dich doch nicht so fett in den Weg!“**

Angemessen: ______________________

____

Unangemessen: ______________________

____

4. **„Pass doch auf!“**

Angemessen: ______________________

____

Unangemessen: ______________________

____

2 EXTRA Wähle dir einen Spruch zur Höflichkeit aus. Notiere deine Gedanken, wie du diesen Spruch verstehst. Schreibe auf einem gesonderten Blatt Papier.

1
Höflichkeit ist wie ein Luftkissen: Es mag wohl nichts drin sein, aber sie mildert die Stöße des Lebens.
Arthur Schopenhauer

2
Man unterscheidet zwischen einer Höflichkeit, die anzieht, und einer Höflichkeit, die fernhält.
Marie von Ebner-Eschenbach

3
Höflichkeit ist der Widerschein der Sittlichkeit.
Jean Paul

4
… wer nicht höflich nach
allen Seiten,
Hat doch nur Verdrießlich-
keiten.
Wilhelm Busch

5
Übertriebene Höflichkeit ist Unhöflichkeit.
Japanisches Sprichwort

6
Einer wurde gefragt, wo er seine feinen und wohlgefälligen Sitten gelernt habe. Er antwortete: Bei lauter unhöflichen und groben Menschen. Ich habe immer das Gegenteil von demjenigen getan, was mir an ihnen nicht gefallen hat.
Johann Peter Hebel

3 EXTRA Welche Gedanken gehen dir durch den Kopf, wenn du liest, was der griechische Philosoph Sokrates vor mehr als 2400 Jahren festgestellt hat? Notiere deine Überlegungen in Stichworten.

Die Jugend liebt heutzutage den Luxus. Sie hat schlechte Manieren, verachtet die Autorität, hat keinen Respekt vor den älteren Leuten und schwatzt, wo sie arbeiten sollte. Die jungen Leute stehen nicht mehr auf, wenn Ältere das Zimmer betreten. Sie widersprechen ihren Eltern, schwadronieren in der Gesellschaft, verschlingen bei Tisch die Süßspeisen, legen die Beine übereinander und tyrannisieren ihre Lehrer.

Sokrates, griechischer Philosoph (um 469 v. Chr. – 399 v. Chr.)

Wie soll man mit seinem Handy umgehen?

Einen Alltag ohne Handys dürfte man sich heute nur schwer vorstellen können. Was wollte man beispielsweise ohne Handy tun, wenn man sich spontan verabreden möchte oder mitteilen will, dass man sich verspätet oder eine Fahrradpanne hat? Mit einem Handy ist man fast überall erreichbar und kann jeden jederzeit anrufen.

Allerdings sollte man einige Höflichkeitsregeln beachten. So darf man die Umstehenden beispielsweise durch sein Telefonat nicht belästigen. Nicht jeder mag das fremde Gespräch mithören. In handyfreien Zonen, z. B. im Klassenzimmer, Museum, Kino und Theater, muss man sein Handy ausschalten. Überall, wo das Telefonieren die Konzentration, Ruhe oder Entspannung der Mitmenschen stören könnte, müsste man also hörbare Anrufsignale oder das Mithören von Gesprächen vermeiden.

1 Trage die markierten Modalverben in die Tabelle ein.

	wollen	müssen	dürfen	können	sollen	mögen
Indikativ *(Wirklichkeitsform)*					soll	
Konjunktiv *(Möglichkeitsform)*			dürfte			möchte

2 Fülle die folgende Tabelle mit den Konjunktivformen der Modalverben aus.

	wollen	müssen	dürfen	können	sollen	mögen
ich	wollte	müsste	dürfte	könnte	sollte	möchte
du	wolltest					
er, sie, es						
wir						
ihr						
sie						
Sie						

3 Schreibe den Text auf Seite 6 in der Du-Form auf.

Wie sollst du mit deinem Handy umgehen?

Einen Alltag ohne Handys dürftest du dir heute nur schwer vorstellen können. Was wolltest du

beispielsweise

4 EXTRA Gib deinem Freund oder deiner Freundin Ratschläge zum Verhalten an einem Buffet. Schreibe auf einem gesonderten Papier. Du kannst die Informationen unten nutzen und so beginnen:

Lass es nicht zum Kampf am Buffet kommen – verhalte dich so: 1. Nimm kleine Portionen …

Am Buffet

Es gibt beim Verhalten an einem Buffet einige Dinge, die man falsch machen kann:

1. den Teller randvoll packen
   Richtig: kleine Portionen von Speisen nehmen; nicht alle Gänge gleichzeitig auf den Teller schichten

2. drängeln und vormogeln
   Richtig: auch wenn man hungrig ist: warten, bis man an der Reihe ist; die Löffel auf dem Buffettisch nicht zweckentfremdet verwenden, nur damit man alles schnell und von allem reichlich „erwischt"

3. die Tischnachbarn stören
   Richtig: bei den Gängen von der Tafel zum Buffet die Tischnachbarn möglichst wenig stören; Gespräche am Tisch ohne Hektik führen

4. die Serviette falsch oder gar nicht benutzen
   Richtig: die Serviette gehört während des Essens auf den Schoß, nach dem Essen links neben den Teller

5. überfüllte Teller stehen lassen
   Richtig: Gier ist keine Tugend, deshalb Speisen und Mengen genau nach den Bedürfnissen wählen

Hilfe, Einstellungstests!

Es gibt zahlreiche Einstellungstestverfahren. Hier findest du einige Beispiele. Wenn du die Aufgaben löst, ist zwar nicht garantiert, dass du alle Einstellungsprüfungen bestehst, aber du erfährst, was auf dich zukommt und wie du dich darauf vorbereiten kannst.

1 Aufgaben bei Einstellungstests sind meist bestimmten Bereichen zugeordnet. Stelle Vermutungen an, was die Tester jeweils in Erfahrung bringen wollen.

Bereiche	Vermutungen
1. Persönlichkeit	
2. Logik	
3. Leistungs-, Konzentrationsfähigkeit	
4. Allgemeinwissen	
5. Fachwissen (z. B. Naturwissenschaften, Sprache)	

2 Löse die folgenden Beispielaufgaben. Ordne sie anschließend den oben genannten Bereichen zu.

1. Welche Farbe hat ein 10-Euro-Schein? ____________

2. Wie groß ist etwa der Energiegehalt einer 100 g schweren Bratwurst (in kJ)?

☐ 10 ☐ 340 ☐ 650 ☐ 1260

3. Von wem wird der Bundespräsident gewählt?

☐ direkt vom Volk ☐ vom Bundestag ☐ von der Bundesversammlung

4. Wie viel Prozent der Wählerstimmen benötigt eine Partei, um in den Bundestag zu gelangen?

☐ 3 % ☐ 5 % ☐ 10 % ☐ 12 %

Bereich: ______________________________

5. Was versteht man unter Konservierung?

☐ Haltbarmachung ☐ Entladung ☐ Verdichtung

6. Was bedeutet das chemische Elementsymbol „C"?

☐ Chlor ☐ Kupfer ☐ Calcium ☐ Kohlenstoff ☐ Chrom

7. Ergänze jeweils einen Begriff, der inhaltlich in die Zeile passt.

umgraben – säen – jäten – ______________________

hochspringen – weitspringen – sprinten – ______________________

Substantiv – Verb – Adverb – ______________________

Christentum – Hinduismus – Islam – ______________________

8. Streiche den Begriff, der nicht in die Wortreihe passt.

Prag – Wien – Berlin – Warschau – Peking – Rom – Oslo – London – Paris – Moskau

Sportbericht – Lokalnachrichten – Fernsehfilm – Kleinanzeigen – Wettervorhersage

Radwanderkarte – Deutschlandkarte – Stadtplan – Autoatlas – Navigationsgerät

Bereich: ______________________

9. Finde zu dem unterstrichenen Wort in jeder Spalte das Wort, dessen Bedeutung gleich oder ähnlich ist.

akzeptieren	akkurat	Status	Allergie
betonen	sorgfältig	Kaiser	Antipathie
veranlassen	geladen	Stellung	Katalog
sich anpassen	raffiniert	Standbild	Überempfindlichkeit
übertreiben	ungenau	Satzung	Atemnot
einverstanden sein	intelligent	Körperbau	Erkältung

10. Mit welchen beiden Zahlen beginnt diese Reihe?

__________ __________ 10.000 1.000.000 100.000.000

Bereich: ______________________

11. Wie ist Ihre Meinung?

Es ist drei Uhr morgens. Das Telefon klingelt. Der Anrufer hat einen wildfremden Menschen aus dem Bett gerissen und stellt fest: „Entschuldigen Sie bitte, die Fernsprechauskunft hat mir die falsche Nummer gegeben.“ Welche der drei folgenden Reaktionen ist Ihrer Meinung nach aus der Sicht des aus dem Schlaf Geklingelten angemessen?

a) „Das ist eine Unverschämtheit, mich um diese Zeit zu wecken!“
b) „Ist nicht so schlimm, ich habe noch nicht so fest geschlafen.“
c) „Das ist wirklich Pech, aber so was kann schon mal passieren.“

Bereich: ______________________

3 EXTRA Löse die folgenden Beispielaufgaben.

12. Welche Buchstaben fehlen?

CL DM _____ FO GP HQ

13. In jeder Reihe ist eine Zahl falsch. Welche?

112 32 80 48 128 26 176

27 72 36 18 81 49 54

Wortarten bestimmen

1 Schreibe die passenden Wortarten in die Felder unten. Wenn du das jeweilige Lösungswort rechts neben den Kasten schreibst, erhältst du den Lösungssatz.

Adverbien	IN	Adjektive	WORT	Artikel	DU	Substantive/Nomen	DEN
Konjunktionen	ARTEN	Präpositionen	AUS	Pronomen	DICH	Verben	KENNST

(1) Artikel können bestimmt oder unbestimmt sein, begleiten ein Substantiv/Nomen, und passen sich dem Genus (grammatischen Geschlecht), dem Numerus (der Zahl) und dem Kasus (Fall) des Substantivs/Nomens an.

Lösungswort: DU

(2) ____________ bezeichnen Tätigkeiten, Vorgänge oder Zustände, werden konjugiert (gebeugt) und sind bestimmt nach Person, Numerus (Zahl), Tempus (Zeitform), Handlungsart (Aktiv/Passiv) und Aussageweise (Wirklichkeits-, Möglichkeits-, Befehlsform).

Lösungswort: ____________

(3) ____________ stehen vielfach für ein Substantiv/Nomen, begleiten ein Substantiv/Nomen oder verweisen auf etwas zuvor im Text Genanntes.

Lösungswort: ____________

(4) ____________ sind nicht veränderbar und bestimmen und/oder bewerten Adjektive, Verben oder ganze Sätze.

Lösungswort: ____________

(5) ____________ bezeichnen Lebewesen, Dinge, Gedanken, Zustände, stehen im Singular oder im Plural, werden im Satz oft von Artikeln begleitet, haben ein Genus (grammatisches Geschlecht), stehen im Satz in einem bestimmten Kasus (Fall) und können von einem Adjektiv begleitet werden.

Lösungswort: ____________

(6) ____________ bezeichnen Eigenschaften oder Merkmale, können zwischen Artikel und Substantiv/Nomen stehen, sind veränderbar (haben Beugungsendungen) und können meist gesteigert werden.

Lösungswort: ____________

(7) ____________ verbinden Wörter, Wortgruppen, Satzglieder und Sätze miteinander, sind nicht veränderbar und werden u. a. in nebenordnende und unterordnende unterteilt.

Lösungswort: ____________

(8) ____________ stellen eine Beziehung zwischen der Bedeutung von Wörtern her, bestimmen den Kasus (Fall) des Bezugswortes und sind nicht veränderbar.

Lösungswort: ____________

Lösung: DU ____________________________

Wörter nach ihrer Bedeutung ordnen

1 Finde die entsprechenden Oberbegriffe und trage sie in die Tabelle ein.

1. Raubvögel	2.	3.	4.	5.
Bussard Geier Adler Falke	Schwein Rind Ziege Schaf	Florist Tierpfleger Altenpfleger Kfz-Mechaniker	Tanne Fichte Lärche Kiefer	Präsens Präteritum Perfekt Futur

2 Finde zu diesen Oberbegriffen mindestens drei Unterbegriffe und trage sie ein.

1. Früchte	2. Fernsehsender	3. Hauptstädte	4. Wortarten
______	______	______	______
______	______	______	______
______	______	______	______
______	______	______	______

3 Synonyme Ordne den Wörtern vor den Schreibzeilen die Wörter mit ähnlicher Bedeutung zu.

~~Schrippe~~ Knete murmeln Semmel Zaster Mäuse Wecken nuscheln flüstern

Brötchen Schrippe ______

undeutlich sprechen ______

Geld ______

4 Antonyme Schreibe zu jedem Wort das Wort mit entgegengesetzter Bedeutung auf.

1. schnell langsam
2. pro ______
3. Ebbe ______
4. Tod ______
5. hinten ______
6. mit ______

5 EXTRA Erkläre stichwortartig, welche Bedeutungen die folgenden Wörter haben können.

1. Leiter 1. (der), Verantwortlicher, Chef – 2. (die), Gerät zum Hinaufsteigen
2. Bank ______
3. Tor ______
4. Ball ______

Ein Referat – morgen, morgen, nur nicht heute ...!

Gehörst du zu den „Schnell-Erledigern" oder zu den „Aufschiebern"? Wie kommt es, dass so viele Menschen schwierige Arbeiten auf einen späteren Zeitpunkt verschieben? Im folgenden Text antwortet eine Psychologin auf diese Frage.

1 Lies den Text und fasse den Inhalt mit eigenen Worten zusammen. Schreibe auf einem gesonderten Blatt Papier.

Warum besorgen wir so viele Dinge erst morgen?

„Das ist doch erst einmal vollkommen natürlich", sagt Anna Höcker, Psychologin an der Universität Münster und eine Expertin in Sachen „Aufschieberitis". „Der Mensch", erklärt sie, „strebt ständig danach, angenehme Sachen zu tun oder solche, die rasch zu einem Erfolgserlebnis führen. Denn dann wird das Gehirn mit Glückshormonen geflutet, und wir fühlen uns wohl. Warum sollte man also sofort einen Aufsatz schreiben – oder über Wochen für eine Klassenarbeit lernen, wenn die Belohnung dafür noch in weiter Ferne liegt? Genau deshalb räumen wir vor dem Lernen sogar lieber auf. Dadurch haben wir schnellen Erfolg. Und Aufräumen ist immer noch angenehmer als Lernen."

Warum schafft es Umfragen zufolge trotzdem jeder Zweite, seine Aufgaben halbwegs pünktlich zu erledigen?

„Nun", sagt Anna Höcker, „einerseits wollen wir Unangenehmes vermeiden, andererseits aber auch die unangenehmen Folgen des Aufschiebens. Sprich: Die Furcht vor der schlechten Note etwa überwiegt irgendwann – und man fängt mit dem Lernen an. Und dann der Abgabetermin! Erst ein fixes Datum weckt bei den Erledigern alle Kräfte. Und je knapper die Zeit, desto fleißiger werden sie."
Auch ich kenne natürlich die Konsequenzen: Ich fühle mich schlecht, wenn ich zu spät dran bin. Und bin es dann trotzdem.

Was also tun?

Die Antwort der Psychologin: „Damit einem der Abgabetermin nicht jede Freude an den Aufgaben raubt, muss man sich neben dem offiziellen Termin eigene Zwischenziele setzen. So hat man nämlich seinen eigenen Plan. Und: Der Aufgabenberg wird in kleine, überschaubare Häufchen aufgeteilt. Man sorgt bei der Erledigung für laufende Erfolgserlebnisse. Statt ein Referat ‚am Stück' auszuarbeiten sollte es zum Beispiel heißen: ‚sich einlesen', ‚die Gliederung machen', ‚Texte lesen und auswählen' – und, und, und ..."

Morgen, morgen, nur nicht heute, sagen alle faulen Leute.

2 EXTRA Woran denkst du, wenn du dieses Sprichwort hörst? – Notiere deine Überlegungen. Beziehe die Aussagen der Psychologin im Text oben mit ein.
Schreibe auf einem gesonderten Blatt Papier.

3 Bearbeite den folgenden Test und werte ihn aus.

	stimmt genau	stimmt teilweise	stimmt gar nicht
1. Ich erledige meine Aufgaben meistens auf den letzten Drücker.	2	1	0
2. Bevor ich die Hausaufgaben mache, räume ich erst mal mein Zimmer auf.	2	1	0
3. Ich mache nur das, worauf ich gerade Lust habe.	2	1	0
4. Ich verplane meine Tage so gut wie nie.	2	1	0
5. Gute Vorsätze bringen mir überhaupt nichts.	2	1	0
6. Immer, wenn ich etwas mache, muss es perfekt werden.	2	1	0
7. Gibt's Probleme, denke ich mir: Augen zu und durch!	2	1	0
8. Ich habe meistens viel zu viel vor.	2	1	0
9. Habe ich irgendeine Aufgabe noch nicht erledigt, muss ich dauernd daran denken.	2	1	0
10. Weil ich Aufgaben aufschiebe, habe ich oft Ärger mit meinen Eltern und Lehrern.	2	1	0
Zähle nun die Punkte zusammen!			

Auswertung:

0–5 Punkte: Aufschieben ist nicht dein Ding. Weil du ganz genau weißt, dass aufgeschoben nicht aufgehoben bedeutet, erledigst du alles möglichst schnell. Und wenn dir das ausnahmsweise mal nicht gelingt, bleibst du trotzdem locker. Morgen ist ja auch noch ein Tag!

6–10 Punkte: Klar passiert es dir schon mal, dass du Aufgaben ein paar Tage vor dir herschiebst. Aber das ist in der Regel kein Problem. Die meisten Sachen erledigst du pünktlich. Sollte dem einmal nicht so sein, forsche nach den Ursachen: zu wenig Zeit eingeplant?, zu hohe Ansprüche?

11–15 Punkte: Aufpassen, Aufschieben kann bei dir schnell zu einer lästigen Gewohnheit werden. Statt mit den wichtigen Dingen anzufangen, verzettelst du dich gerne in Nebensächlichkeiten – und kommst dann in Zeitnot. Mache dir deshalb einen Plan mit vielen Zwischenzeiten.

16–20 Punkte: Mal ehrlich: Was du heute kannst besorgen, das verschiebst du gern auf morgen. Mach dir einen Plan und sage dir, dass man viele Dinge lieber pünktlich, dafür aber nicht immer perfekt erledigen muss.

Morgen mache ich es ganz bestimmt!

Hier sitze ich nun …

Ich habe beschlossen, jetzt sofort mein Referat auszuarbeiten. Das muss sein! Übermorgen schon werde ich vor der Klasse stehen. Vor genau sechs Wochen hatten wir die Aufgabe erhalten. Dabei wollte ich dieses Mal alles ganz anders machen! Ich war gleich in die Bibliothek gerannt und hatte Materialien aus dem Internet ausgedruckt. Aber nun ist mir die Zeit wieder weggelaufen. Und wieder bekenne ich (bestimmt zum tausendsten Mal!): Ich war immer eine Aufschieberin und ich bin immer noch eine Aufschieberin! Ich habe in der letzten Zeit schon viel über die Aufschieberitis gelesen. Viele meiner Freunde leiden ebenfalls an dieser Krankheit …
Letztendlich bekomme ich die meisten meiner Aufgaben ja immer noch auf die Reihe.
So, ach ja, da stand ja noch das Referat an! Termin ist übermorgen. Na gut, werde ich morgen machen, ganz bestimmt – versprochen!

1 Lies den Text und fasse den Inhalt stichwortartig zusammen.

Wer? ______________________________

Wann? ______________________________

Wo? ______________________________

Was? ______________________________

2 Ordne die Verbformen aus dem Text in die Tabelle ein.

Präsens	Präteritum	Perfekt	Plusquam-perfekt	Futur
sitze		*habe beschlossen*		

3 Peter stellt fest, dass er kein Aufschieber ist. Er sagt: „Ich habe mein Referat rechtzeitig vorbereitet." Schreibe auf, welche Aufgaben er bereits erledigt hat.

- das Thema festlegen – Er hat das Thema festgelegt.
- einen Zeitplan aufstellen – Er hat
- Informationen sammeln –
- Material auswerten –
- Wichtiges auswählen –
- Schlüsselwörter aufschreiben –
- einen Verlaufsplan erarbeiten –
- Sprechzettel anfertigen –

4 Stammformen Prüfe und schreibe auf, welche Formen zusammen gehören.

wusste stand war gewusst sein konnte genommen
nehmen bringen stehen gestanden nahm brachte tun
tat getan gewesen können wissen gebracht gekonnt

wissen – wusste – gewusst,

5 EXTRA Schreibe auf, was du beim nächsten Referat eine Woche vor dem Termin bereits getan haben wirst.

Ich werde das Thema ausgewählt haben. Ich werde Literatur

Merke

Eine heute selten gebrauchte Zeitform ist das **Futur II.** Es wird verwendet, wenn man etwas ausdrücken möchte, das in der Zukunft erwartet wird und da schon abgeschlossen ist (z. B. *ich werde das Referat ausgearbeitet haben, er wird am Ziel angekommen sein*).

Man ist doch kein Kind mehr!

1 Lies den Text, zuerst überfliegend, dann genau. Mache dir Notizen:
- Wo und wann spielt die Handlung?
- Wer sind die handelnden Personen? Was erfährst du über sie?
- Was geschieht in der Geschichte?

Franz Hiesel
Sie werfen Steine ins Wasser

Drei junge Burschen saßen an der Böschung des Donaukanals. Sie saßen und wussten nichts mit sich anzufangen. Zwischen Planken, Stadtbahnbogen und Donaukanal leben viele junge Kerle, die nichts mit sich anzufangen wissen. Sie leben in einer eigenen Welt und haben nichts zu tun. Man hat keine Verwendung für sie. Sie sind unnütz wie ein Stein oder wie das Wasser im Donaukanal. Dabei sind Steine gar nicht so unnütz. Man kann Straßen damit pflastern oder Häuser bauen. Das Wasser des Donaukanals kann man zur Not trinken.

Jenseits der Planken und des Stadtbahnbogens ist eine andere Welt. Die Nußdorfstraße und später der Gürtel und noch später die Währingerstraße. In diese Gegend darf man nur gehen, wenn man Uniform trägt. Die Uniform der zivilisierten Menschen: schöne, saubere Kleider und Schuhe an den Füßen. Hier am Donaukanal schert sich keiner darum, wenn einer keine Schuhe anhat oder einen zerschlissenen Rock* trägt. Die Menschen in Uniform schauen spöttisch, wenn sie einen abgerissenen Kerl sehen. Dann sagen sie: „Ja, ja, die heutige Jugend!"

Am Donaukanal saßen drei junge Burschen und warfen Steine ins Wasser. Mancher schickte den Steinen einen Gedanken nach. Sie denken anders als wir, diese jungen Kerle. Ungefähr so denken sie:

„Ihr habt uns groß gezogen und in die Schule geschickt. Ihr habt uns gesagt, was gut und schlecht ist. Von Liebe und Treue und Vaterland habt ihr gesprochen, von rechtschaffenen Menschen und einem Gott, der alle liebt. Was ist jetzt? Wir sitzen mit unserer Weisheit da und werfen Steine ins Wasser. Ihr habt uns als halbe Menschen allein gelassen. Dann schreit ihr und wundert euch, wenn in uns Böses wächst. Gebt uns doch erst eine Möglichkeit! Wir haben uns um eine Lehrstelle die Füße wund gelaufen."

Oben auf der Böschung lag ein großer Randstein. Er hätte einmal einen Gehweg zur Straße hin abschließen sollen. Kleine Buben wären dann über ihn gelaufen und hätten Eisenbahn gespielt. „Sch! Sch! Sch!"

Jetzt diente der Randstein jungen Burschen als Sitzgelegenheit. Sie saßen da und schauten übers Wasser. Drüben war eine Autoreparaturwerkstätte. An alten und neuen Wagentypen arbeiteten einige Gesellen

und Lehrbuben. Sie waren dreckig im Gesicht und an den Händen und hatten zerschundene Finger. Die drei Burschen lachten und rissen Witze über die da drüben und vergaßen, dass sie Hunger hatten. Nicht nur Hunger nach Wurst und Brot, auch Hunger nach einem anderen Leben, nach einem neuen Anzug oder nach einem Spaziergang in der Gegend drüber dem Stadtbahnbogen. Man kann nach vielen Dingen Hunger haben.

Die Sonne hing trübe hinter einem Rauchschleier. Vom Kahlenberg wehte ein kalter Wind und die Burschen auf dem Randstein hatten die Hände in den Hosentaschen vergraben. Der Wind machte es, dass das Wasser nicht zu sehr stank.

Am Rande des Wassers spielte ein kleines Mädchen. Es tanzte auf den Steinen hin und her und beugte sich weit nach vorne. Plötzlich glitt es auf einem der Steine aus und fiel ins Wasser. Es sank sofort unter und es blieb nur mehr ein kleiner, schriller Schrei.

Die Burschen waren aufgesprungen. Einer jagte quer über die Böschung dem Wasser zu. Einige Meter unter der Unfallstelle war das Mädchen wieder aufgetaucht und der junge Kerl warf sich mit einem Hechtsprung ins Wasser.

Nach einigen Schwimmstößen hatte er das Mädchen erreicht und landete kaum eine Minute später drüben auf der andern Seite. Das Mädchen hing als nasses, lebloses Bündel in seinen Armen und er wusste nichts damit anzufangen. Im Stadtgebiet hätte sich eine Menschenmenge angesammelt und man hätte „Bravo!“ gerufen. Zwischen Donaukanal und Stadtbahnbogen sind tagsüber wenig Menschen anzutreffen. Nur ein großer, hagerer Mann kam aus der Autoreparaturwerkstätte angelaufen und fuchtelte mit den Armen.

Jetzt wäre es schön, wenn das kleine Mädchen seine Tochter gewesen wäre. Sie war es aber nicht. Zwischen Stadtbahnbogen und Donaukanal geschehen keine Wunder. Vielleicht deshalb, weil dort nur einfache Menschen wohnen.

Das Mädchen war beiden ganz fremd. Der hagere Mann nahm es in seine Arme und sagte: „Komm mit.“

Im Hof der Autoreparaturwerkstätte standen die Arbeiter und schauten stumm herüber. Der hagere Mann ging auf eine niedere Bretterbude zu und trat mit dem Fuß die Tür auf. Weil der Junge nicht gleich folgte, sagte er barsch: „So komm schon!“

Die Sonne kam für einen Augenblick aus dem Dunstschleier und machte den Raum hell und angenehm. In der Ecke stand ein kleiner Kanonenofen und glühte. Der hagere Mann deutete mit dem Kinn nach einem Stuhl und sagte: „Nimm dir den Sessel und setz dich zum Ofen.“

Das Mädchen legte er auf ein Feldbett, das an der Längsseite der Bude stand. Langsam schlug es die Augen auf und fing an zu weinen. Der hagere Mann strich ihm mit sanften Bewegungen das Wasser aus dem Haar.

„Es wird schon gut werden. Es ist ja nicht so schlimm. Wer wird denn so weinen.“

Das Mädchen beruhigte sich langsam und der Junge saß beim Ofen und starrte in die Glut. Er dachte: dass ein großer Mann so gute Hände haben kann. Dann schnäuzte er sich in das nasse Taschentuch. „Verflucht noch einmal, man ist doch kein Kind mehr oder ein weicher Hund!“

„Ich geh jetzt“, sagte er zur Wand hin, „ich bin schon trocken.“

Der große, hagere Mann kam quer durch die Stube auf ihn zu. Die Lampe hing so tief, dass er sich bücken musste.

„Brav hast du das gemacht“, sagte er.

Der Junge schluckte und hatte auf einmal Tränen in den Augen. Der verfluchte Rauch und diese Luft hier. Ist doch eine Bruchbude das. Man darf sich nur nicht einspinnen lassen von blöden Gedanken. Draußen ist es schön. Zwischen Planken, Stadtbahnbogen und Donaukanal.

In einem Kochgeschirr auf dem kleinen Ofen fing Wasser zu kochen an. Es roch auf einmal nach Wurst. Der Junge sog den Geruch ein und blähte die Nasenlöcher.

Der hagere Mann lachte und fischte mit einer Gabel die Wurst aus dem Kochgeschirr. Auf einem Blechteller schnitt er sie in zwei Teile.

„Da esst“, und zu dem Jungen, „du hast es dir redlich verdient.“

Der Junge machte nur eine abweisende Handbewegung. Zwischen Stadtbahnbogen und Donaukanal macht man nicht viel Wasser wegen so einer Kleinigkeit.

Später heulte das Mädchen wieder und wollte nach Hause. Der hagere Mann lachte es aus und gab ihm zum Abschied einen leichten Klaps. „Dass du besser aufpasst, das nächste Mal.“

Als das Mädchen gegangen war, setzten sie sich auf das Feldbett und der Junge erzählte.

Vom Vater erzählte er, der Hilfsarbeiter beim Bau ist und von den fünf Geschwistern. Von seinen ergebnislosen Laufereien um eine Lehrstelle erzählte er und von Menschen, die nur über die Jugend schimpfen und doch nicht helfen wollen.

O ja, gearbeitet hat er schon, der Junge. Wie der Vater. Als Hilfsarbeiter beim Bau. In einer Akkordpartie**. Nach vierzehn Tagen ging's nicht mehr. Wirklich, es ging nicht mehr. Man kann nicht mit knapp vierzehn Jahren schwere Männerarbeit leisten.

Dann ging alles seinen Weg weiter. Hin und wieder ein bisschen Gelegenheitsarbeit und die Sonne ist warm und das Wasser des Donaukanals fließt träge. Nicht immer bläst ein kalter Wind vom Kahlenberg. Das ist die letzte Hoffnung und eine sehr weise Weisheit.

Seit acht Tagen geht jetzt der Junge zu dem hageren Mann in die Lehre. Er hat noch einen Platz frei gemacht in seiner Werkstatt. Der Junge trägt einen Schlosseranzug, der ihm viel zu weit ist. Vom Smekal ist der, der im ersten Stock wohnt. Der braucht keinen Schlosseranzug mehr. Er hat im Krieg beide Beine verloren und ist achtundzwanzig Jahre alt.

Auf dem Randstein drüber dem Kanal sitzen nun mehr zwei junge Kerle. Sie werfen Steine ins Wasser oder schauen in den Hof der Autoreparaturwerkstätte hinüber.

Als sie ihren Freund im Schlosseranzug erblickten, lachten sie laut. Höhnisch sollte es auch klingen. „Du armer Hund gehst jetzt in eine Bruchbude dort drüben.“

Der Hohn gelang nicht recht und es wurde ein ziemlich wehes Lachen. Das heißt, wenn es ein wehes Lachen überhaupt gibt. Nach einer Weile stupste der eine Kerl den andern an und sagte: „Wenn man auch so schwimmen könnte wie der Karl.“

Der andere sagte: „Kusch!“ Und sie warfen schweigend Steine in das träge Wasser des Donaukanals.

** Rock: veraltet für Anzugjacke, Sakko*

***Akkord: auf Schnelligkeit ausgerichtetes Arbeiten, bei dem nach der Menge der geleisteten Arbeit bezahlt wird*

2 Prüfe, welche Aussagen wahr sind. Kreuze an und schreibe jeweils den richtigen Satz auf.

1. Die Handlung spielt

☐ am Meer. ____________________

☐ in den Bergen. ____________________

☐ in einer Stadt. ____________________

2. In dieser Geschichte geht es um

- ☐ drei Jungen und einen Fischer.
- ☐ einen Autohändler und einen Touristen.
- ☐ einen entschlossenen Jungen und ein kleines Mädchen.
- ☐ einen Autoschlosser, seine kleine Tochter und ihren Lebensretter.

3. Der eine Junge

- ☐ schwimmt im Donaukanal.
- ☐ träumt vor sich hin.
- ☐ rettet ein Mädchen vor dem Ertrinken.
- ☐ verliert seine Arbeit.

4. Die Handlung besteht

- ☐ aus der Lebensgeschichte eines armen Arbeiters und eines reichen Autohändlers.
- ☐ aus der Schilderung, wie aus einem armen Jungen ein reicher Fabrikbesitzer wurde.
- ☐ aus der mutigen Tat eines arbeitslosen Jungen und den Folgen für seine Zukunft.

3 Beantworte folgende Fragen. Schreibe auf einem gesonderten Blatt Papier.

1. An welchen Textstellen wird deutlich, wann etwa die Geschichte spielt? Schreibe sie heraus.
2. Was erfährst du über den Vater des Jungen?
3. Warum hat der Junge in der „Akkordpartie“ nicht weitergearbeitet?
4. In welchen Zeilen stehen die Worte „werfen Steine ins Wasser“? Was sagen sie dir über die Situation und die Gefühle der Jungen?
5. Erkläre, was mit „Uniform der zivilisierten Menschen“ gemeint ist.

4 Schreibe zu der Geschichte den Einleitungssatz für eine Inhaltsangabe.

5 EXTRA Schreibe eine vollständige Inhaltsangabe. Schreibe auf einem gesonderten Blatt Papier.

Ein Gespräch zwischen Alt und Jung

1 Lies den Ausschnitt aus dem Buch von Ingrid Noll. Gib den Inhalt stichwortartig mit eigenen Worten wieder (Wer? Wo? Wann? Was?). Schreibe auf einem gesonderten Blatt Papier.

Ingrid Noll
Kalt ist der Abendhauch

Die dreiundachtzigjährige Charlotte erwartet Besuch: Hugo, ihr Schwager, für den sie immer eine Schwäche hatte. Da in ihrer Wohnung lange nichts mehr gemacht wurde, bittet sie ihren Enkel Felix – er ist Student und wohnt in einer WG – um Hilfe.

„Wo brennt's denn, Oma?", fragt Felix. „Du hast es doch tatsächlich fertiggebracht, auf meinen Anrufbeantworter zu sprechen."

„Was soll schon dabei sein, das kann ja jedes Kind. – Sag mal ehrlich, wie sieht es hier aus?"

„Vielleicht solltest du dir mal eine Putzfrau gönnen", meint Felix vorsichtig.

„Ich mag keine fremden Gesichter um mich, das weißt du. Außerdem muss erst tapeziert und gestrichen werden, dann kommt der große Frühjahrsputz."

Mein Enkel ahnt endlich, warum ich ihn hergebeten habe. […]

„Grün tut gut bei müden Augen", sagt mein guter Junge und greift zum Telefonhörer. Er macht Nägel mit Köpfen, das heißt, er ruft seine Freunde an. Binnen einer Stunde hat er einen Trupp handwerklich versierter Studenten zusammengetrommelt, die morgen bereits mit dem Ausräumen beginnen sollen.

„Am besten, du ziehst für ein paar Tage aus", schlägt Felix vor.

Das will ich aber nicht. […]

„Ich bleibe hier, Kind, ihr werdet euch ja nicht alle Zimmer gleichzeitig vorknöpfen."

„Also gut, Oma, dann musst du aber auch für meine Kumpel kochen", sagt er, um mich zu ärgern. Er weiß genau, dass ich mit diesem Kapitel ein für allemal abgeschlossen habe.

„Welche Farbe sollen die Wände denn bekommen? Kalkweiß, schneeweiß oder leichenblass?"

„Eierschale", sage ich wild entschlossen.

„Und was ist mit dem oberen Stock?" Ich schüttle mein greises Haupt.

Felix nimmt Papier und Bleistift und notiert, was er braucht: Raufasertapete, Farbe, Kleister und Abdeckfolie muss er kaufen, Quast und Pinsel besitzt er, einen Tapeziertisch kann er ausleihen.

„Susi und ich werden hinterher die Putzaktion starten."

Ich glaube, Susi ist seine Freundin, obgleich sie beim letzten Mal Simone hieß.

2 Beschreibe die Beziehung zwischen Charlotte und Felix. Schreibe auf einem gesonderten Blatt Papier.

3 Unterstreiche im Text die wörtliche Rede von Charlotte rot und von Felix blau.

4 In einer Inhaltsangabe wird die wörtliche Rede, sofern sie wichtig ist, als indirekte Rede wiedergegeben. Übe die indirekte Rede. Schreibe die Sätze zu Ende.

1. Felix fragt seine Oma, wo es denn brenne.
2. Felix spottet, dass sie es doch tatsächlich fertiggebracht habe, …
3. Felix meint,
4. Mein guter Junge sagt,
5. Felix schlägt vor,
6. Felix fragt,
7. Er will auch wissen,
8. Felix kündigt an,

5 Wandle jetzt die wörtliche Rede von Charlotte in die indirekte Rede um.

1. Bezogen auf den Anrufbeantworter stellt Charlotte fest, dass das ja jedes Kind könne.
2. Sie fordert Felix auf, mal ehrlich zu sagen, wie …
3. Charlotte sagt, wie er wisse, möge
4. Sie meint, erst
5. Auf Felix' Vorschlag, ein paar Tage auszuziehen, sagt sie

6 EXTRA Erfinde ein (wörtliches) Gespräch zwischen Charlotte und Felix, das einige Tage später stattfindet. In ihm besprechen die beiden die Einzelheiten des geplanten Malereinsatzes. Schreibe auf einem gesonderten Blatt Papier.

7 EXTRA Gib das Gespräch nun in der indirekten Rede wieder.

Merke

Die **indirekte Rede** ist eine umgewandelte wörtliche Rede. Wie bei der wörtlichen Rede gibt es einen Einleitungssatz (*Felix sagte, dass …, fragte, ob …, fragte, was …*).
Bei der Umwandlung der wörtlichen in eine indirekte Rede werden
- die Pronomen sowie die Zeit- und Ortsangaben der Perspektive des Sprechers angepasst (*Sergej sagte mir gestern: „Ich komme morgen zu dir." → Sergej sagte mir gestern, dass er heute zu mir komme.*)
- die gebeugten Verbformen oft im Konjunktiv wiedergegeben (*Sergej sagte, dass er zu mir komme.*)

Wenn man einen **Fragesatz** in die indirekte Rede umformt, leitet man den Satz entweder mit dem Fragewort ein (*„Was ist passiert?" → Er fragte mich, was passiert sei.*) oder, bei Entscheidungsfragen, mit dem Wort *ob* (*„Willst du mitkommen?" → Wir fragten, ob er mitkommen wolle.*).
Bei einem **Aufforderungssatz** kann man in der indirekten Rede eine Form des Modalverbs *sollen* verwenden (*Wir baten ihn: „Erzähl uns alles!" → Wir baten ihn, dass er uns alles erzählen solle. Wir baten ihn, er solle uns alles erzählen.*).

Begegnungen

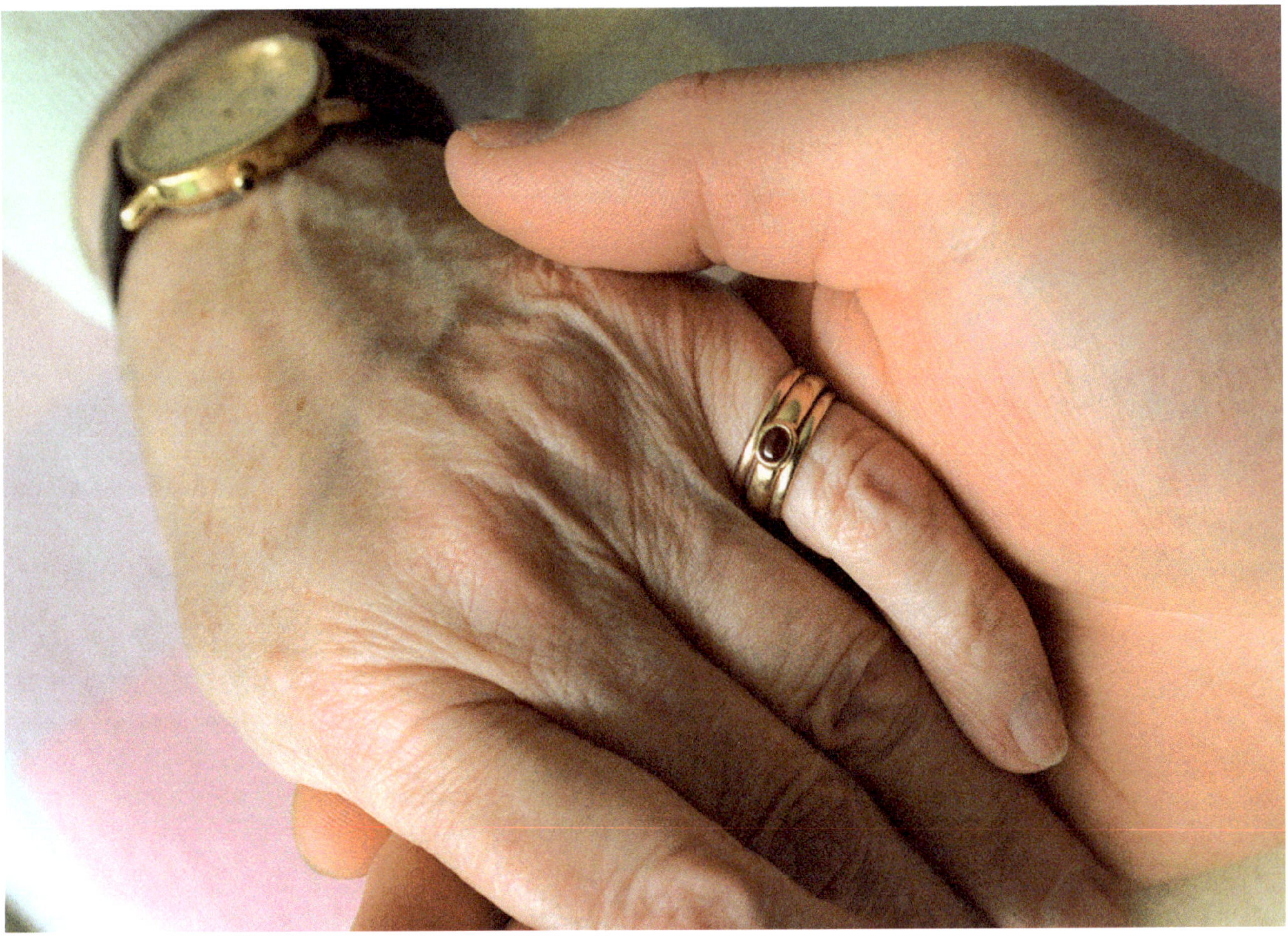

1 Gib dem Foto einen Titel und schreibe ihn hier auf.

---

2 Entscheide dich für eine oder mehrere Aufgaben. Verwende ein gesondertes Blatt Papier.

(A) Schreibe deine Gedanken zu dem Bild auf. Ordne sie in einer Mind-Map.

(B) Schreibe Gedanken, Erinnerungen und Gefühle auf, die das Bild bei dir ausgelöst hat. Schreibe einfach los. Lass deiner Fantasie freien Lauf.

(C) Schreibe den folgenden Textanfang weiter:
Vorige Woche war ich zum ersten Mal in einem Altenheim. Eine Frau hat mich immer angestarrt. Da bin ich zu ihr gegangen …

(D) Schreibe den Anfang einer Geschichte, die so endet:
Nun sind es schon fast 14 Tage. 14 Tage, an denen ich jeden Nachmittag meine Urgroßmutter besuche. Und sie weiß jetzt meine geheimsten Wünsche und Ängste. Ich glaube, sie hat mich verstanden, auch wenn sie kein Wort sagt.

Ich hatte Angst. Ich drückte die Hand meines Vaters immer fester, ich wollte, dass er mir hilft. Doch dann kam es so, wie ich es befürchtet hatte: Mein Vater bückte sich zu mir herunter und sagte, dass er jetzt gehen müsse und dass ich mit dem Herrn dort mitgehen solle. Ich fing an zu weinen. Ich umklammerte die Beine meines Vaters. Ich weinte noch mehr. „Bleib hier“, flehte ich ihn an, „lass mich nicht allein.“ Er ging.
Der andere Mann redete auf mich ein, aber ich verstand kein Wort. Ich hörte auf zu weinen, besser gesagt, ich weinte keine Tränen mehr, innerlich weinte ich weiter. Meine Hoffnung, dass der Mann dann aufhören würde zu reden, erfüllte sich.
Ich ging mit ihm mit. Wir gingen und gingen, die Korridore kamen mir unendlich lang vor. Irgendwie wollte ich auch gar nicht ankommen, ich wollte, solange es ging, durch diese Korridore gehen. Vielleicht würde mein Papa zurückkommen und mich wieder mitnehmen. Doch ich wusste, mein Vater würde nicht kommen und ich wäre nur noch länger alleine mit diesem Mann zusammen. Ich wollte es hinter mich bringen. Wir blieben vor einer Tür stehen. Und ich glaube, als ich dort stand, stand auch mein Herz für Sekunden still. Ich fühlte nichts mehr, es war wie ein Traum. Als ich durch die Tür ging, schloss ich die Augen. „Vielleicht ist es wirklich nur ein Traum“, dachte ich, „und wenn ich die Augen öffne, ist alles vorbei, ist alles wie früher.“

3 EXTRA Lies den Text erst überfliegend, dann genau. Überlege, was hier geschehen sein könnte. Schreibe eine Geschichte, in der diese oder ähnliche Sätze vorkommen.

Was einem so durch den Kopf geht

1 Zum Thema „Gefühle" haben Schülerinnen und Schüler der 9c Texte geschrieben. Lies den folgenden Text und schreibe darunter kurz deine Meinung zu der dargestellten Situation.

Aufregung

Die ganze nacht habe ich nicht geschlafen. In wenigen Minuten bin ich mit meinem Referat dran. Ich presse meine Füsse auf den Boden und drücke mit den Fingern gans fest mein Taschentuch in den Hanteller. Warum nur habe ich immer diese Angst? Ich habe doch alles bestens vorbereitet … Aber wenn es nun nicht mit der Technik klapt?

Wie fing der Vortrag doch gleich an? Ja, natürlich zuerst das Tema … Und da ist er schon wieder – der Angstschweiß! Eklig! Warum haben die anderen so etwas nicht?

Ich habe den Vortrag nun wirklich genug geübt – x-mal sogar vor dem Spiegel! Diesmal werde ich kaum auf die Sprechzettel schauen müssen, oder doch? Jetzt muss ich nach Vorne. Vor Aufregung sehe ich niemanden, auch nicht meine Lehrerin. Ich spühre, dass alle mich anstarren. Da merke ich auch schon wieder, wie mein Gesicht heiß und rot anleuft. Und alle sehen es!

Und los get's! Ich nehme meinen ersten Sprechzettel und – lese ab, wortwörtlich – ohne ein einziges Mal aufzuschauen …

2 In den Text haben sich insgesamt zehn Rechtschreibfehler eingeschlichen. Streiche die Fehler im Text an und schreibe die Wörter in richtiger Schreibweise neben den Text.

3 Lies auch den folgenden Text und schreibe darunter deine Meinung zu der dargestellten Situation.

Entäuschung

Sport ist meine Welt! 400 m-Läufer. Noch ein Platz in der Staffel ist frei. Nur einer, aber zwei Mann kommen in Frage: mein Freund und ich! Das vor Augen, habe ich hart träniert, mich gequelt, auf vieles verzichtet. Wenn ich es doch wäre, der mit zu den Meisterschaften fahren könte! Und wenn nicht? – Undenkbar! Wofür dann die ganze Schinderei?

Und wie ist Steffen in Form? Ich beobachte ihn: Er tut immer ganz locker, als berürte ihn die Frage gar nicht. Dabei ist er warscheinlich noch viel ehrgeitziger als ich …

Nun ist der große Tag des ausscheidungsrennens gekommen. Ich werde alles geben, ich werde beißen, ich werde gewinnen! Steffen darf nicht vor mir ins Ziel kommen, auf gar keinen fall!

Auf die Plätze … dann der Start, der Lauf – und – Gewinn für Steffen. Ich bin erledigt, mir ist hundeelend – schlapp, ausgelaukt und überhaupt … Heulen könnt ich! Jetzt nur weg! Da kommt Steffen. Ich lächle, klopfe ihm auf die Schulter und sage: „Gratulation! Toll! Freu mich für dich!“

4 Auch in diesen Text haben sich insgesamt zehn Rechtschreibfehler eingeschlichen.
Streiche die Fehler im Text an und schreibe die Wörter in richtiger Schreibweise neben den Text.

5 EXTRA Schreibe selbst einen ähnlichen Text, z. B. zum Thema „Angst“, „Glück“, „Neid“, „Ehrgeiz“, „Ärger“.

Eine originelle Seite im Portfolio

1 Eine Schülerin hat ein Kreuzworträtsel für ihre Mitschülerinnen und Mitschüler erarbeitet. Löse das Rätsel. Dann weißt du, was du unter anderem beachten solltest, wenn du zu einem Vorstellungsgespräch eingeladen bist.

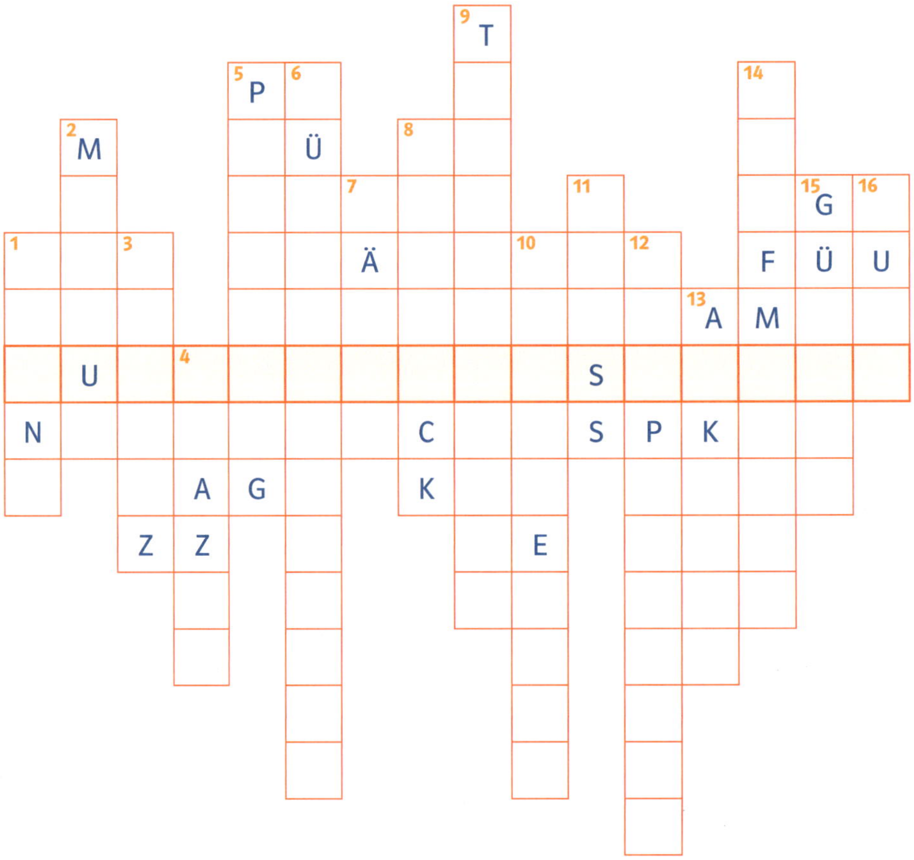

1 Diese Art von Hose ist beim Vorstellungsgespräch nicht unbedingt zu empfehlen.
2 Frauen sollten damit im Gesicht eher dezent umgehen.
3 Dieser Schuhteil sollte eher flach sein.
4 Jacke, die beim Vorstellungsgespräch sowohl von Frauen als auch von Männern getragen werden kann
5 Körperschmuck, der zu diesem Anlass eher unpassend ist
6 Zum Vorstellungsgespräch solltest du auf keinen Fall zu spät kommen. Also achte auf …!
7 Sie sollten sauber und nicht gerade schweißnass sein.
8 Weniger ist hier mehr.
9 Es ist nicht nur bei Schnupfen nützlich.
10 Auch Raucher sollten diese lieber zu Hause lassen.
11 Vermeide diese Farbe bei deinen Socken.
12 Auch beim … sollten Frauen beachten: Lieber gar nicht oder nur dezent.
13 Getränke mit … solltest du vor dem Vorstellungsgespräch unbedingt meiden.
14 Wer Strumpfhosen trägt, sollte kontrollieren, dass keine … darin ist.
15 Alle Hosen sollten mit einem … getragen werden, der die gleiche Farbe wie die Schuhe hat.
16 Der Rock sollte lieber zu lang als zu … sein.

2 Wie lautet das Lösungswort?

3 EXTRA Ein Schüler hat den folgenden Text in sein Portfolio aufgenommen. Lies ihn.

Jurij Koch
„Kein besonders strebsamer Typ"

Es war kurz vor eins, als ich mich erhob und anfing zu schreiben. Alles noch mal. Wie's Vater verlangte. Aber ganz anders. Ich schrieb einen langen Brief an die Kommission, die über mich befinden sollte. Ob ich ein geeigneter Mann für sie war. Für den Beruf des Montageschlossers. Ich schrieb schnell und ohne Überlegung, das heißt, ohne mir ein einziges Mal zu überlegen, was die Mitteilung, die ich machte, für mich einbringen könnte. Ich schrieb auf, was ich von mir dachte. Wie's um mich stand. Dass ich eigentlich mehr Sinn für Holz aufbringen kann als für Eisen. Aber wegen der Harzallergie kein Tischler werden kann. Obwohl ich gern hobeln und fräsen würde. Dass auch die anderen Berufe, über die ich meine Überlegungen angestellt habe, sich nicht als anstrebenswert erwiesen haben. Vor allem die, in denen ein mathematischer Kopf benötigt wird, weil ich kein schneller Rechner bin. Dass die Schlosserei übrig geblieben ist. Nach langen Debatten am Familientisch ist das Wort Montageschlosser gefallen. Vater hat es ausgesprochen und gesagt, dass er für mich eine Lehrstelle finden will. Was er auch getan hat. Bevor ich mir richtig klar war, was ich eigentlich lernen wollte. Ich schrieb es, wie's wahr war. Dass ich als Kind mit Stabilbaukästen wenig im Sinn gehabt habe. Dass ich zwar eine Menge Eisengebilde zusammengeschraubt habe, an denen sich aber nie etwas bewegt hat, was, viel Fantasie vorausgesetzt, auf eine Maschine hätte deuten können. [...] Dass ich aber trotz allem vor manchen Leistungen der Eisenkonstrukteure Ehrfurcht aufzubringen in der Lage bin. Zum Beispiel dem Eiffelturm in Paris oder dem Gasometer in der Amselgasse, der aus dem Jahre 1913 ist und gesprengt werden soll. Ich schrieb, dass mir der Gasometer gefällt, woran vielleicht die Hoffnung geknüpft werden könnte, dass ich für den Beruf doch noch geeignet bin.
Dass ich kein besonders strebsamer Typ bin, eher faul, weil ich alles auf den letzten Pfiff erledige. Dass ich gern lese und schon einmal daran gedacht habe, Gedichte zu schreiben. Ohne Übergang teilte ich mit, dass mich mein Vater geschlagen hat. Und ich zurückgeschlagen habe. Dass ich so ein Verlangen verspüre, zurückzuschlagen. Der Lüge ins Gesicht. Noch war Gelegenheit, die Papiere wieder aus dem Schlitz zu nehmen. Einen Rückzieher zu machen. Aber gerade das wollte ich nicht. Ich ließ den Umschlag fallen. Der Deckel klappte zu. Es hörte sich wie ein Gong an. Ich nahm es als Zeichen für einen Anfang.

4 EXTRA Überlege, warum dieser Text ins Portfolio eingegliedert wurde? Notiere deine Vermutungen.

Wie sicher bist du in der Rechtschreibung? – Selbsttest

1 Mitsprechen Schreibe die folgenden Sätze auf. Durch deutliches Mitsprechen bemerkst du, dass sich in den Text zehn Fehler eingeschlichen haben. Findest du sie? Unterstreiche die Stellen und schreibe den Text nochmal richtig auf die Zeilen.

In der Roboterspache vesuchen wir Wort für Wort, Silbe für Silb, Laut für Laut deutlich mitzuspechen. Dabei betonen wir jede einzene Silbe. Dadurch könen wir auch besonder lange Wörte, wie zum Beispiel Rechtscheibungsselbttest, problemlos schreiben.

____

____

____

____

____

____

____

Auswertung: Für jeden gefundenen Fehler erhältst du einen Punkt. **Mein Ergebnis:** ____ Punkte

2 Ableiten Welche Schreibung ist richtig? Kreuze an.

☐ das Pferd	☐ das Pfert	☐ hundert	☐ hunderd
☐ der Zwerk	☐ der Zwerg	☐ entlich	☐ endlich
☐ der Becker	☐ der Bäcker	☐ wichtig	☐ wichtich
☐ das Gebäude	☐ das Gebeude	☐ das Glaß	☐ das Glas
☐ er schreipt	☐ er schreibt	☐ die Gans	☐ die Ganz

Auswertung: Für jede richtige Lösung bekommst du einen Punkt. **Mein Ergebnis:** ____ Punkte

3 Schreibungen einprägen Welche Schreibung ist richtig? Kreuze an.

☐ das Opst	☐ das Obst	☐ ungefär	☐ ungefähr
☐ der März	☐ der Merz	☐ entlich	☐ endlich
☐ die Linie	☐ die Lienie	☐ das Teather	☐ das Theater
☐ das Fieh	☐ das Vieh	☐ die Bowle	☐ die Bole
☐ der Strohm	☐ der Strom	☐ die Kleinstatt	☐ die Kleinstadt

Auswertung: Für jede richtige Lösung bekommst du einen Punkt. **Mein Ergebnis:** ____ Punkte

4 Nachschlagen

a) In welcher Reihenfolge stehen diese Wörter im Wörterbuch?

Position ____ Portmonee ____ Porträt ____ Portfolio ____ Portion ____

b) Wo findet man diese in Lautschrift geschriebenen Wörter im Wörterbuch? Kreuze an.

[klaun]	☐ Klau…	☐ Clau…	☐ Clow…
[rütmus]	☐ Rütm…	☐ Rhytm…	☐ Rhythm…
[karakter]	☐ Kar…	☐ Char…	☐ Car…
[schalusi]	☐ Scha…	☐ Jal…	☐ Gal…
[nju jork]	☐ New …	☐ Nju…	☐ Nu…

Auswertung: Für die richtige Reihenfolge (a) erhältst du fünf Punkte. Für jede richtige Lösung (b) bekommst du einen Punkt. **Mein Ergebnis:** ____ Punkte

5 Zusammenhänge im Satz beachten Welche Schreibung ist richtig? Kreuze an.

☐ Ich habe mir etwas Besonderes überlegt.	☐ Ich habe mir etwas besonderes überlegt.
☐ Das ist etwas Besonders gutes.	☐ Das ist etwas besonders Gutes.
☐ Er wurde vom Gericht freigesprochen.	☐ Er wurde vom Gericht frei gesprochen.
☐ Sie hat die Getränke kaltgestellt.	☐ Sie hat die Getränke kalt gestellt.
☐ der zweite Weltkrieg	☐ der Zweite Weltkrieg
☐ Ich hoffe, das es dir hier gefällt.	☐ Ich hoffe, dass es dir hier gefällt.
☐ Das Portfolio, das du erstellt hast, ist gut.	☐ Das Portfolio, dass du erstellt hast, ist gut.
☐ „Das Portfolio“, sagte er, „ist gut.“	☐ „Das Portfolio, sagte er, ist gut“.
☐ Liebe Frau …, wir teilen ihnen mit …	☐ Liebe Frau …, wir teilen Ihnen mit …
☐ Weil sie krank ist kommt sie nicht.	☐ Weil sie krank ist, kommt sie nicht.

Auswertung: Für jede richtige Lösung bekommst du einen Punkt. **Mein Ergebnis:** ____ Punkte

6 Zähle alle Punkte zusammen und stelle fest, wie sicher du in der Rechtschreibung bist:

0–15 Punkte → Anfänger
16–25 Punkte → Amateur
26–35 Punkte → Fortgeschrittener
36–45 Punkte → Profi
46–50 Punkte → Vollprofi

7 EXTRA Stelle fest:

Meine Stärken	Meine Problembereiche

Für sich werben – nach dem A I D A-Prinzip

A I D A	
Beim Leser Aufmerksamkeit erregen *(Aufmerksamkeit: engl. **a**ttention)*	**1** Schreibe die ersten Sätze zu deinem Bewerbungsschreiben. Verwende ein Argument, das zeigt, warum du dich für diesen Beruf entschieden hast.
A **I** D A	
Interesse wecken *(Interesse: engl. **i**nterest)*	**2** Begründe, warum du dich besonders für diesen Beruf eignest.
A I **D** A	
Wünsche auslösen *(Wunsch: engl. **d**esire)*	**3** Stelle dar, welche zusätzlichen Eigenschaften und Fähigkeiten dich für den Ausbildungsplatz geeignet machen.
A I D **A**	
eine Handlung auslösen *(Handlung: engl. **a**ction)*	**4** Formuliere eine Aufforderung, in der du die Leser dazu anregst, dass sie dich kennen lernen möchten.

Noch einmal überprüfen

1 Die folgenden Formulierungen sind nicht besonders gelungen. Formuliere jeweils geschickter.

1. Anrede

Sandra möchte Industrieschneiderin werden. Sie bewirbt sich auf eine Anzeige in ihrer Tageszeitung, in der Frau Weißhaupt als Ansprechpartnerin genannt wird.

Sandra verwendet diese Anrede: Sehr geehrte Damen und Herren,

Verbesserungsvorschlag: ______________________________

2. Einleitung

Ingo, dessen Berufswunsch Bäcker ist, kennt die Inhaber einer Bäckerei und hat deshalb persönlich nachgefragt. Der Bäckermeister hat vorgeschlagen, die Bewerbungsunterlagen einfach vorbeizubringen.

Ingo beginnt sein Bewerbungsschreiben so:
Sehr geehrter Herr Coordes,
wie ich erfahren habe, stellen Sie auch in diesem Jahr …

Verbesserungsvorschlag: ______________________________

____

3. Abschluss

Es ist allgemein üblich, dass man um ein Vorstellungsgespräch bittet.

Lydia formuliert so:
Ich bin der Auffassung, dass wir alles Weitere unter vier Augen besprechen sollten und würde mich deshalb freuen, wenn wir uns einmal treffen könnten. Besonders günstig für mich ist Mittwoch …

Verbesserungsvorschlag: ______________________________

____

____

2 EXTRA Auch diese Darstellung weist Mängel auf. Formuliere überzeugender. Ergänze dazu einzelne Fakten, die du hier vermutlich „erfinden" musst. Schreibe auf ein gesondertes Blatt Papier.

Persönliche Situation
In einer Stellenanzeige wird ein Ausbildungsplatz zum Kfz-Mechatroniker angeboten. Der Betrieb erwartet praktisches Geschick, körperliche Belastungsfähigkeit, Zuverlässigkeit und Pünktlichkeit.

Philipp schreibt dazu:
Ich kann alle Ihre Erwartungen erfüllen. Vor allem garantiere ich Pünktlichkeit.
Aber auch meine körperliche Belastungsfähigkeit habe ich im Praktikum einmal unter Beweis gestellt.

Ist die Form o. k.?

Universal Versicherungen
Personalabteilung
Postfach 6666
10243 Berlin

Im Januar 2011

Leon Pögel
Am Stechberg 14
15827 Blankenfelde

Ihre Anzeige unlängst in der Zeitung

Sehr geehrte Damen und Herren,

hiermit bewerbe ich mich um den von Ihnen angebotenen Ausbildungsplatz zum Versicherungskaufmann oder zum Bürokaufmann.

Ich werde im Juni 2011 die Wilhelm-Busch-Schule voraussichtlich mit dem mittleren Abschluss verlassen.

Während eines Praktikums bei einem Steuerberater und in einem weiteren bei einem Berliner Versicherungsunternehmen habe ich festgestellt, dass mir der angestrebte Beruf liegen wird. Ich wurde von allen gelobt.

Bitte geben Sie mir Gelegenheit zu einem persönlichen Vorstellungsgespräch.

Als Anlagen lege ich den Lebenslauf mit Foto und zwei beglaubigte Zeugniskopien bei.

Mit lieben Grüßen

Leon

1 Das Schreiben enthält sieben formale Fehler. Die fehlerhaften Stellen sind unterstrichen. Notiere stichwortartig, was nicht richtig ist.

1. ______
2. ______
3. ______
4. ______
5. ______
6. ______
7. ______

2 EXTRA Verfasse ein Bewerbungsschreiben als Test für eine Partnerin oder einen Partner. Arbeite absichtlich einige Form- und Rechtschreibfehler ein und lasse sie herausfinden.

Ist die Rechtschreibung o.k.?

Ihre Anzeige in den Stuttgarter Nachrichten vom 5.2.2011

sehr geehrte Damen und Herren

hiermit bewerbe ich mich um den von Ihnen angebotenen Ausbildungsplatz zur Krankengymnastin.
Ich werde im Juni 2011 die Carl-Werner-Schule voraussichtlich mit dem Abschluß der Werkrealschule verlassen.
Bei einem Praktikum in einer Pysiotherapiepraxis und bei der Betreung von verletzten Grundschulkindern während des Sportfestes habe ich festgestellt, das mir der Beruf als Krankengymnastin sehr gefallen würde. Ich helfe gerne Anderen Menschen besonders wenn es um das gesundwerden geht. Da ich aktiv Fussball spiele oft Rad fahre schwimme und jogge, weiß ich, das richtige Gymnastik sehr wichtig ist.
Ich würde mich gerne bei ihnen vorstellen und freue mich sehr über eine Einladung zu einem Gespräch.

Faina Dombrowski

1 Das Schreiben enthält zehn Rechtschreib- und vier Kommafehler. Streiche die Fehler mit Rotstift im Text an.

2 Setze passende Wörter in den Text ein. Du kannst dich dabei auch am Bewerbungsschreiben oben orientieren. Aber Achtung: Der Beruf ist ein anderer!

__________ geehrte Damen und Herren,

hiermit bewerbe ich mich um den von Ihnen angebotenen Ausbildungsplatz zum ______________

__________________________.

Ich werde im Juni 2011 die Andreas-Schule voraussichtlich mit dem mittleren ______________

________________________ verlassen.

Bei einem Praktikum in einer Ergotherapiepraxis konnte ich feststellen, ______ es mir Freude macht, wenn ich __________________ Menschen helfen kann. Der Beruf als Ergotherapeut würde mir sehr gut gefallen. Durch die ______________ von Kindern in einem Turnverein weiß ich, ________ alle Bewegung das ________________ fördert. Ich bin selbst aktiver Sportler und spiele ____________________.

Über eine Einladung von __________ würde ich mich freuen.

Nico Schreiber

Nach dem Praktikum

Die Antworten auf die Fragen helfen dir, einen Abschlussbericht über dein Praktikum zu verfassen.

1 Lies die Fragen. Ordne die inhaltlichen Schwerpunkte deines Abschlussberichtes. Schreibe in die Klammern **E**, **H** oder **S** für **E**inleitung, **H**auptteil, **S**chluss. Für die Punkte im Hauptteil solltest du auch die Reihenfolge festlegen.

(____) Was hat dir gut gefallen, was fandest du nicht so gut?

(____) Wie hast du dich mit den Mitarbeitern und deinem Chef verstanden?

(____) Hältst du das Betriebspraktikum für sinnvoll? Was könnte verbessert werden?

(____) Wie bist du mit den Anforderungen im Praktikum zurechtgekommen? Was konntest du gut, woran müsstest du noch arbeiten?

(____) Welche Tätigkeiten hast du hauptsächlich ausgeführt?

(____) Sind deine Erwartungen erfüllt worden? Warum? Warum nicht?

(____) Wo, wann und in welchem Beruf hast du dein Praktikum absolviert?

(____) Was hast du im Praktikum gelernt?
a) über einen bestimmten Beruf? b) über den von dir gewählten Beruf?
c) über die Berufswelt allgemein?
Welche Schlussfolgerungen ziehst du?

(____) Welche Tätigkeiten durftest du selbstständig verrichten?

2 Beantworte die Fragen stichpunktartig. Schreibe dann deinen Abschlussbericht. Verwende dafür ein gesondertes Blatt Papier.

3 Lies den folgenden Abschlussbericht eines Praktikanten.

Mein Praktikum

Ich war nun sechs Wochen beim Schrauber, ich glaube die richtige Bezeichnung ist Auto-Mechaniker oder so. Das Praktikum war toll. Ich durfte Auto fahren. Natürlich nur aufm Hof. Das Praktikum hat Spaß gemacht. Ich musste jeden Morgen schon um 7.00 Uhr da sein und Kaffee kochen. Dann hat der Chef gesagt, was ich tun muss an diesem Tag. Nicht immer gab es etwas zu tun, und ich habe mich manchmal gelangweilt. Dann habe ich Computer mit dem Firmenrechner gespielt. Das hat mir besonders gefallen an dem Praktikum. Dann kamen die ersten Kunden. Ich habe häufig die Autos von innen sauber gemacht. Das war lustig. Denn die Kunden gaben mir manchmal Trinkgeld. Ansonsten habe ich mich sehr wohlgefühlt in dem Betrieb, weil es nicht so viel zu tun gab. Ich hatte viel Vergnügen mit den Kollegen. Abends musste ich die Werkstatt noch mit aufräumen und am Ende der Praktikumszeit habe ich dann noch als Andenken einen Schraubschlüssel geschenkt gekriegt.

4 Überarbeite den Abschlussbericht in sprachlicher Hinsicht. Verbessere besonders die Wortwahl und die Qualität der Sätze. Eine Reihe von Sätzen solltest du ganz neu formulieren.

In der Zeit von ... bis ... absolvierte ich mein Praktikum in der Kfz-Werkstatt ...

Das Praktikum hat ...

5 Gib dem Verfasser Ratschläge für die inhaltliche Verbesserung des Berichtes. Schreibe auch auf, welche Punkte ergänzt werden müssten und wie der Bericht gegliedert sein könnte. Orientiere dich an den Fragen auf Seite 34.

Du solltest dich auch zu folgenden Punkten äußern ...

Aus Praktikumsberichten

1 Lies die Ausschnitte aus den Praktikumsberichten. Schreibe auf, wo das Praktikum vermutlich stattgefunden hat.

1

Nachdem der Kunde Platz genommen hatte wurden die Lampen aufgestellt. Schnell kontrollierte ich noch einmal ob Kleidung und Frisur richtig sitzen. Inzwischen hatte der Chef die Lampen so eingerichtet dass das Gesicht gut ausgeleuchtet war. Anschließend stellte ich …

2

Da ich schon immer gerne reise und woanders übernachte hatte ich mir diesen Praktikumsplatz ausgesucht. Besonders gespannt war ich wie mir der Kontakt mit den ausländischen Gästen gelingen würde. Ich habe mich zu Beginn des Praktikums natürlich gefragt ob meine Englischkenntnisse ausreichend sind. Doch schon bald merkte ich dass meine Zweifel unberechtigt waren …

3

Bevor die eigentlichen Arbeiten beginnen konnten musste der Wagen auf einer festen und ebenen Unterlage abgestellt werden. Vor der Montage war zu prüfen dass der Motor abgestellt und die Handbremse angezogen sind. Wenn zum Lösen der Schrauben ein Kreuzschlussel benutzt wurde mussten zunächst die Radmuttern angelöst werden. Als der Wagen mit dem Wagenheber angehoben war konnten die Radmuttern endgültig gelöst werden. Nachdem das defekte Rad abgehoben und das neue Rad aufgesteckt war zog ich die Radmuttern fest …

2 Unterstreiche in den Berichten oben alle Hauptsätze rot und alle Nebensätze blau. Setze dann die fehlenden Kommas.

3 Markiere in den Texten alle Konjunktionen (Bindewörter), die einen Nebensatz einleiten. In einem Fall wird der Nebensatz durch ein Fragewort eingeleitet. Findest du es?

deutsch.kombi plus 5

Lösungen zum Arbeitsheft
Erstellt von Helga Paljan

Lösungen zum Arbeitsheft

Seite 6

Aufgabe 1

	wollen	müssen	dürfen	können	sollen	mögen
Indikativ (Wirklichkeitsform)	will	muss	darf	kann	soll	mag
Konjunktiv (Möglichkeitsform)	wollte	müsste	dürfte	könnte	sollte	möchte

Aufgabe 2

	wollen	müssen	dürfen	können	sollen	mögen
ich	wollte	müsste	dürfte	könnte	sollte	möchte
du	wolltest	müsstest	dürftest	könntest	solltest	möchtest
er, sie, es	wollte	müsste	dürfte	könnte	sollte	möchte
wir	wollten	müssten	dürften	könnten	sollten	möchten
ihr	wolltet	müsstet	dürftet	könntet	solltet	möchtet
sie	wollten	müssten	dürften	könnten	sollten	möchten
Sie	wollten	müssten	dürften	könnten	sollten	möchten

Seite 7

Aufgabe 3 (Modalverben, Veränderungen)

Wie sollst du mit deinem Handy umgehen?
Einen Alltag ohne Handys dürftest du dir heute nur schwer vorstellen können. Was wolltest du beispielsweise ohne Handy tun, wenn du dich spontan verabreden möchtest oder mitteilen willst, dass du dich verspätest oder eine Fahrradpanne hast? Mit einem Handy bist du fast überall erreichbar und kannst jeden jederzeit anrufen. Allerdings solltest du einige Höflichkeitsregeln beachten. So darfst du die Umstehenden beispielsweise durch dein Telefonat nicht belästigen. Nicht jeder mag das fremde Gespräch mithören. In handyfreien Zonen, z. B. im Klassenzimmer, Museum, Kino und Theater, musst du dein Handy ausschalten. Überall, wo das Telefonieren die Konzentration, Ruhe oder Entspannung der Mitmenschen stören könnte, müsstest du also hörbare Anrufsignale oder das Mithören von Gesprächen vermeiden.

Aufgabe 4 EXTRA

Lass es nicht zum Kampf am Buffet kommen – verhalte dich so:

1. Nimm kleine Portionen von Speisen. Schichte nicht alle Gänge gleichzeitig auf den Teller.
2. Auch wenn du hungrig bist: Warte, bis du an der Reihe

bist. Verwende die Löffel auf dem Buffettisch nicht zweckentfremdet, nur damit du alles schnell und von allem reichlich „erwischst".
3. Bei den Gängen von der Tafel zum Buffet störe die Tischnachbarn möglichst wenig. Führe Gespräche am Tisch ohne Hektik.
4. Die Serviette gehört während des Essens auf den Schoß, nach dem Essen lege sie links neben den Teller.
5. Gier ist keine Tugend, deshalb wähle Speisen und Mengen genau nach deinen Bedürfnissen aus.

Seite 8

Aufgabe 2
1. rot
2. 1260
3. von der Bundesversammlung
4. 5 %; Bereich: 4. Allgemeinwissen
5. Haltbarmachung
6. Kohlenstoff

Seite 9

(Fortsetzung)
8. Zu streichen: Peking, Fernsehfilm, Navigationsgerät
9. akzeptieren→ einverstanden sein, akkurat→ sorgfältig, Status → Stellung, Allergie → Überempfindlichkeit
10. Zahlenreihe: 10, 1.000; Bereich: 5. Fachwissen

Aufgabe 3 EXTRA
12. EN
13. Falsch: 26, 49

Seite 10

Aufgabe 1

1 Artikel Lösungswort: DU	**5 Substantive/Nomen** Lösungswort: DEN
2 Verben Lösungswort: KENNST	**6 Adjektive** Lösungswort: WORT
3 Pronomen Lösungswort: DICH	**7 Konjunktionen** Lösungswort: ARTEN
4 Adverbien Lösungswort: IN	**8 Präpositionen** Lösungswort: AUS

Lösung: Du kennst dich in den Wortarten aus.

Seite 11

Aufgabe 1
1. Raubvögel, 2. Haustiere, 3. Berufe, 4. Nadelbäume, 5. Zeitformen

Aufgabe 3
Brötchen: Schrippe, Semmel, Wecken
undeutlich sprechen: murmeln, nuscheln, flüstern
Geld: Knete, Zaster, Mäuse

Aufgabe 4
1. schnell: langsam, 2. pro: kontra, 3. Ebbe: Flut, 4. Tod: Leben, Geburt, 5. hinten: vorn, 6. mit: ohne

Aufgabe 5 EXTRA
1. 1. (der), Verantwortlicher, Chef – 2. (die), Gerät zum Hinaufsteigen
2. 1. (die), Sitzmöbel – 2. (die), Geldinstitut
3. 1. (das), große Tür/Einfahrt – 2. *im Sport*: (das), Ziel, in das der Ball zu spielen ist; – 3. (der), Narr, einfältiger Mensch
4. 1. (der), kugelförmiges, oft mit Luft aufgeblasenes Spiel- oder Sportgerät, *auch*: der Schuss, Wurf desselben – 2. (der), Tanzfest

Seite 14

Aufgabe 1
Wer? ich
Wann? zwei Tage vor dem Vortrag
Wo? vermutlich am Schreibtisch sitzend
Was? will nach fast sechswöchigem Aufschieben nun „sofort" bzw. „morgen" das Referat ausarbeiten

Aufgabe 2

Präsens	Präteritum	Perfekt	Plusquamperfekt	Futur
sitze	wollte (machen)	habe beschlossen (auszuarbeiten)	hatte erhalten	werde stehen
muss	war	ist weggelaufen	war gerannt	werde machen
bekenne	stand an	habe gelesen	hatte ausgedruckt	
bin				
leiden				
bekomme				
ist				

Seite 15

Aufgabe 3
Er hat das Thema festgelegt.
Er hat einen Zeitplan aufgestellt.
Er hat Informationen gesammelt.
Er hat Material ausgewertet.
Er hat Wichtiges ausgewählt.
Er hat Schlüsselwörter aufgeschrieben.
Er hat einen Verlaufsplan erarbeitet.
Er hat einen Sprechzettel angefertigt.

Aufgabe 4
wissen – wusste – gewusst, stehen – stand – gestanden, sein – war – gewesen, können – konnte – gekonnt, nehmen – nahm – genommen, bringen – brachte – gebracht, tun – tat – getan

Seite 18/19

Aufgabe 2

1. Die Handlung spielt in einer Stadt.
2. In dieser Geschichte geht es um einen entschlossenen Jungen und ein kleines Mädchen.
3. Der eine Junge rettet ein Mädchen vor dem Ertrinken.
4. Die Handlung besteht aus der mutigen Tat eines arbeitslosen Jungen und den Folgen für seine Zukunft.

Seite 19

Aufgabe 3

1. Die Geschichte spielt nach dem Zweiten Weltkrieg: „Der Junge trägt einen Schlosseranzug, der ihm viel zu weit ist. Vom Smekal ist der, der im ersten Stock wohnt. Der braucht keinen Schlosseranzug mehr. Er hat im Krieg beide Beine verloren und ist achtundzwanzig Jahre alt." (Zeile 161 ff.), „Von Liebe und Treue und Vaterland habt ihr gesprochen, von rechtschaffenen Menschen und einem Gott, der alle liebt. Was ist jetzt? Wir sitzen mit unserer Weisheit da und werfen Steine ins Wasser. Ihr habt uns halbe Menschen allein gelassen." (Z. 29 ff.), „mit knapp 14 Jahren" Schulentlassung und „schwere Männerarbeit" (Z. 150 ff.), Begriffe wie „Kanonenofen" (Z. 94), „Kochgeschirr" (Z. 123), „Blechteller" (Z. 129), Umschreibung des Hungers: „Es roch auf einmal nach Wurst. Der Junge sog den Geruch ein und blähte die Nasenlöcher." (Z. 124 ff.), alte Bezeichnung für Anzugjacke: „Rock" (Z. 19).

2. Der Vater des Jungen ist „Hilfsarbeiter beim Bau" (Z. 142) und arbeitet „in einer Akkordpartie" (Z. 148 f.), er ist Vater von sechs Kindern: (der Junge) „erzählte" „von den fünf Geschwistern" (Z. 142 f.).

3. „Nach vierzehn Tagen ging's nicht mehr.[...] Man kann nicht mit knapp vierzehn Jahren schwere Männerarbeit leisten." (Z. 149 ff.)

4. (Teillösung) Zeile 32 und Zeile 167

5. Grundlage der Erklärung: „schöne, saubere Kleider und Schuhe an den Füßen" (Z. 16 f.)

Seite 20

Aufgabe 3

Rot zu unterstreichen: Zeile 4/5, Z. 8-11, Z. 23/24, Z. 31;

Blau zu unterstreichen: Wo brennt's denn, Oma?
Du hast es doch tatsächlich fertig gebracht, auf meinen Anrufbeantworter zu sprechen.
Vielleicht solltest du dir mal eine Putzfrau gönnen.
Grün tut gut bei müden Augen.
Am besten, du ziehst für ein paar Tage aus.
Also gut, Oma, dann musst du aber auch für meine Kumpel kochen.
Welche Farbe sollen die Wände denn bekommen?
Kalkweiß, schneeweiß oder leichenblass?
Und was ist mit dem oberen Stock?
Susi und ich werden hinterher die Putzaktion starten.

Aufgabe 4

1. Felix fragt seine Oma, wo es denn brenne.
2. Felix spottet, dass sie es doch tatsächlich fertiggebracht habe, auf seinen Anrufbeantworter zu sprechen.
3. Felix meint, sie solle sich vielleicht mal eine Putzfrau gönnen.
4. Mein guter Junge sagt, dass grün bei müden Augen gut tue.
5. Felix schlägt vor, dass sie am besten für ein paar Tage ausziehe.
6. Felix fragt, welche Farbe – kalkweiß, schneeweiß oder leichenblass – die Wände denn bekommen sollten.
7. Er will auch wissen, was mit dem oberen Stock sei.
8. Felix kündigt an, dass Susi und er hinterher die Putzaktion starten würden.

Aufgabe 5

1. Bezogen auf den Anrufbeantworter stellt Charlotte fest, dass das ja jedes Kind könne.
2. Sie fordert Felix auf, mal ehrlich zu sagen, wie es hier aussehe.
3. Charlotte sagt, wie er wisse, möge sie keine fremden Gesichter um sich.
4. Sie meint, erst müsse tapeziert und gestrichen werden, dann käme der große Frühjahrsputz.
5. Auf Felix' Vorschlag, ein paar Tage auszuziehen, sagt sie, dass sie hier bleibe, weil sie sich ja nicht alle Räume gleichzeitig vorknöpfen würden.

Seite 24

Aufgabe 2

falsch	richtig	falsch	richtig
nacht	**N**acht	Tema	T**h**ema
Füsse	Fü**ß**e	Vorne	**v**orne
gans	gan**z**	spühre	sp**ü**re
Hanteller	Han**d**teller	anleuft	anl**äu**ft
klapt	kla**pp**t	get's	ge**h**t's

Seite 25

Aufgabe 4

falsch	richtig	falsch	richtig
Entäu-schung	En**tt**äu-schung	war-scheinlich	wa**h**r-scheinlich
träniert	tr**ai**niert	ehrgeitziger	ehrgei**z**iger
gequelt	gequ**ä**lt	ausschei-dungsren-nens	**A**usschei-dungsren-nens
könte	kö**nn**te	fall	**F**all
berürte	berü**h**rte	ausgelaukt	ausgelau**g**t

Seite 26

Aufgabe 1

								T							
				P	P			A					L		
	M			I	Ü		S	S					A		
	A			E	N	H	C	C		W			U	G	K
J	K	A		R	K	Ä	H	H	Z	E	L		F	Ü	U
E	E	B		C	T	N	M	E	I	I	I	A	M	R	R
A	U	S	B	I	L	D	U	N	G	S	P	L	A	T	Z
N	P	A	L	N	I	E	C	T	A	S	P	K	S	E	
S		T	A	G	C		K	U	R		E	O	C	L	
		Z	Z		H			C	E		N	H	H		
			E		K			H	T		S	O	E		
			R		E				T		T	L			
					I				E		I				
					T				N		F				
											T				

Aufgabe 2
Lösungswort: Ausbildungsplatz

Seite 28

Aufgabe 1
1. Robotersprache, 2. versuchen, 3. Silbe, 4. mitzusprechen, 5. einzelne, 6. können, 7. besonders, 8. Wörter, 9. und 10. Rechtschreibungsselbsttest

Aufgabe 2
Anzukreuzen sind: das Pferd, der Zwerg, der Bäcker, das Gebäude, er schreibt, hundert, endlich, wichtig, das Glas, die Gans

Aufgabe 3
Anzukreuzen sind: das Obst, der März, die Linie, das Vieh, der Strom, ungefähr, endlich, das Theater, die Bowle, die Kleinstadt

Seite 29

Aufgabe 4
a) 5 – 3 – 4 – 1 – 2, (Reihenfolge: Portfolio, Portion, Portmonee, Porträt, Position)
b) Anzukreuzen: Clow…, Rhythm…, Char…, Jal…, New …

Aufgabe 5
Anzukreuzen sind: Ich habe mir etwas **B**esonderes überlegt. Das ist etwas besonders Gutes. Er wurde vom Gericht **freigesprochen**. Sie hat die Getränke **kalt gestellt**. der **Z**weite Weltkrieg. Ich hoffe, da**ss** es dir hier gefällt. Das Portfolio, das du erstellt hast, ist gut. „Das Portfolio**"**, sagte er, **„**ist gut." Liebe Frau …, wir teilen **I**hnen mit …. Weil sie krank ist, kommt sie nicht.

Seite 31

Aufgabe 1
1. Sehr geehrte Frau Weißhaupt, …

Seite 32

Aufgabe 1
1. Adresse des Absenders zuerst
2. genaues Datum
3. Tag des Erscheinens der Anzeige und Name der Zeitung
4. nur einen Berufswunsch nennen
5. kein Eigenlob
6. Anlagen werden zum Schluss aufgelistet.
7. Grußformel muss offiziellen Charakter haben, Unterschrift muss vollständig sein.

Seite 33

Aufgabe 1
Anzustreichen sind: sehr geehrte Damen und Herren, … mit dem Abschluß … in einer Pysiotherapiepraxis … Betreung … festgestellt, das … anderen Menschen, … um das gesundwerden … Fussball spiele, oft Rad fahre, schwimme … weiß ich, das … bei ihnen …

Seite 34

Die Gliederungspunkte stehen in folgender Reihenfolge: H5, H6, S, H3, H1, H4, E, H7, H2.
Anmerkung: H4 bis H6 sind austauschbar bzw. auch miteinander kombinierbar, je nach angetroffener Situation.

Seite 36

Aufgabe 1
1 Fotoatelier, 2 Hotel/Ferienanlage, 3 Reifendienst/Kfz-Werkstatt

Aufgabe 2 und 3
(Hauptsatz, Nebensatz, Konjunktion, Fragewort)

1. Nachdem der Kunde Platz genommen hatte, wurden die Lampen aufgestellt. Schnell kontrollierte ich noch einmal, ob Kleidung und Frisur richtig sitzen. Inzwischen hatte der Chef die Lampen so eingerichtet, dass das Gesicht gut ausgeleuchtet war. Anschließend stellte ich …
2. Da ich schon immer gerne reise und woanders übernachte, hatte ich mir diesen Praktikumsplatz ausgesucht. Besonders gespannt war ich, wie mir der Kontakt mit den ausländischen Gästen gelingen würde. Ich habe mich zu Beginn des Praktikums natürlich gefragt, ob meine Englischkenntnisse ausreichend sind. Doch schon bald merkte ich, dass meine Zweifel unberechtigt waren …
3. Bevor die eigentlichen Arbeiten beginnen konnten, musste der Wagen auf einer festen und ebenen Unterlage abgestellt werden. Vor der Montage war zu prüfen, dass der Motor abgestellt und die Handbremse angezogen sind. Wenn zum Lösen der Schrauben ein Kreuzschlüssel benutzt wurde, mussten zunächst die Radmuttern angelöst werden. Als der Wagenheber angehoben war, konnten die Radmuttern endgültig gelöst werden. Nachdem das defekte Rad abgehoben und und das neue Rad aufgesteckt war, zog ich die Radmuttern fest …

Seite 37

Aufgabe 4
1 Bäckerei: damit, bevor, nachdem
2 Restaurantküche: nachdem, bevor, dass
3 Buchhandlung: wenn, dass, als, weil, dass
4 Altenheim: wenn, weil, dass, obwohl, um

Seite 40

Aufgabe 1
1. Experiment → experimentell, 2. Industrie → industriell, 3. Pharmazie → pharmazeutisch, 4. Funktion → funktional, funktionell, 5. Interesse → interessant, 6. Kompetenz → kompetent, 7. Substanz → substanziell/substantiell, 8. System → systematisch, 9. kreativ → Kreativität, 10. global → Globus, 11. komplex → Komplex, 12. typisch → Typ, 13. aktiv → Aktiv, Aktivität, 14. chemisch → Chemie, 15. dynamisch → Dynamik, Dynamo, 16. kritisch → Kritik

Aufgabe 3

Bedeutung	Maskulinum	Femininum	Neutrum
Berichtigung		die Korrektur	
Gesamtheit von Kunden bestimmter Einrichtungen/Berufe		die Klientel	
1 kleiner, fortlaufend nummerierter Abschnitt in Gesetzbüchern usw. 2 das Zeichen: §	der Paragraf		
1 ugs. Rundfunkgerät 2 Rundfunk			das Radio
Geschäftsbereich, Aufgabengebiet			das Ressort
Gemeinschaft, beratende oder beschließende Körperschaft			das Gremium

Seite 41

Aufgabe 4
Anzukreuzen sind: brillant, offiziell, national, tolerant, fair, innovativ

Aufgabe 5 (Teillösung)

Wortbaustein	Bedeutung	Beispiele
geo	Erde (Himmelskörper) Boden, Land	Geografie, Geologie, Geometrie
bio	Leben[s]…, leben[s]…	Biologie, Biochemie, biometrisch
tele	fern…, Fern…	Telefon, Teleskop, Telekommunikation
human	menschlich, den Menschen betreffend	Humanbiologie
auto	selbst, persönlich	Automobil, Autobiographie
astro	Stern, Weltraum	Astrologie, Astronomie, Astronaut
mobil	beweglich	Mobilfunk
hydro	Wasser	Hydrologie, Hydrokultur

Aufgabe 6 EXTRA
prä → vor; anti → gegen, bi → zwei, doppelt; multi → viel, vielfach, mehrfach; dis → auseinander, miss…;
inter → zwischen; homo → gleich, gleichartig, entsprechend

Seite 44/45

Aufgabe 1

Äußeres, Erscheinungsbild			
	von		bis
Beschaffenheit und Farbe der Haare	dünn, schütter, licht, fein, hell, blond, lockig, struppig, offen	normal, glatt	kräftig, dunkel, voll, kraus, schwarz, lang
Form der Nase	klein, spitz, schmal	mittel	groß, breit
Form und Farbe der Augen	leuchtend, braun, blau, grau, traurig, grün	glänzend	strahlend, lustig
Form der Lippen	schmal, rot		wulstig
Form des Kinns	rund	eckig	hervortretend
Statur, Wuchs	schlank, zart	mittelgroß, sportlich	dick, athletisch
Stimme	piepsig, leise, sanft, tief	heiser,	laut, rau, hoch
Bewegungen	unbeholfen, ruckartig	ungeschickt	geschmeidig, heftig
Schritte	müde, kurz		schnell, lang

Seite 47

Aufgabe 1

1. im Haus von Brunswik
2. a) Brunswik, b) Masseur, c) ein „verhärmtes Mädchen“ (Z. 4)
3. Der Masseur (Ich-Erzähler): arbeitet sorgfältig, ist aufmerksam (bemerkt leidenden Hund), unterwürfig (äußert nur vorsichtig seine Meinung und verschweigt seinen Vorsatz, nicht wieder zu kommen)
   Brunswik: ist reich und prasst maßlos (massige, aber muskelschwache Figur), ist unmenschlich (lässt seinen Hund hungern, empfindet kein Mitleid), aber selber zimperlich beim Massieren
   Mädchen: „verhärmt“, hat Mitleid mit dem Hund, „große[n] Augen der Furcht“ (Z. 96)

Seite 48

(Fortsetzung)

4. Der Masseur erfährt beim Massieren Brunswiks, dass dessen Hund draußen vor Hunger so jault. Der hungernde Hund frisst etwas über den Zaun Geworfenes und stirbt. Während der Masseur und das Mädchen nach dem Hund sehen, beginnt B. zu frühstücken. Einer weiteren Massage stimmt der Masseur zwar zu, will aber insgeheim nicht wieder kommen.
5. Während sich Brunswik massieren lässt, bereitet das Mädchen das Frühstück vor. B. entzieht seinem Hund „anderthalb Tage in der Woche“ (Z. 64) das Futter, gönnt sich aber Delikatessen. Das Frühstücken ist für ihn wichtiger als sein sterbender Hund.
6. Brunswik ist der Meinung, dass Hunger gut für Hunde ist („Er wird sich schon daran gewöhnen“, Z. 39 f.) und so ein Hund wissen muss, „von wem er sein Futter bekommt und dass das Futter nichts Alltägliches ist“ (Z. 60 f.).
7. Der Leser soll eine genaue Vorstellung vom Äußeren Brunswiks bekommen, und er erfährt von dessen Zimperlichkeit. Dadurch wirkt B.s Verhalten gegenüber dem Hund noch krasser.
8. Der Masseur ist mit der Handlungsweise Brunswiks gegenüber seinem Hund nicht einverstanden und will deshalb nicht wieder kommen. Bei einer Massage müsste er ihn sanft behandeln, was ihm widerstrebt.

Seite 50

Aufgabe 1

1. baden gehen, 2. arbeiten gekommen, 3. spazieren gehen, 4. lesen üben, 5. lernen gekommen, 6. tanzen zu gehen?, 7. rechtschreiben üben

Aufgabe 2

schlussfolgern – schlussfolgerte – geschlussfolgert, maßregeln – maßregelte – gemaßregelt, schlafwandeln – schlafwandelte – geschlafwandelt, handhaben – handhabte – gehandhabt, brandmarken – brandmarkte – gebrandmarkt, lobpreisen – lobpreiste/lobpries – lobgepreist/lobgepriesen, wehklagen – wehklagte – gewehklagt

Seite 51

Aufgabe 4

1. a) frei gesprochen, b) freigesprochen
2. a) kürzertreten, b) kürzer treten
3. a) sitzen geblieben/sitzengeblieben, b) bleiben sitzen
4. a) schwer gefallen, b) schwerfallen
5. a) fertigmachen, b) fertig machen
6. a) kalt gestellt/kaltgestellt (Ergebnis), b) kaltstellen
7. a) geradebiegen, b) gerade zu biegen/geradezubiegen (Ergebnis)

Seite 54

Aufgabe 1
Paarreim: Weile - Eile - Herzen - Schmerzen; her - wär' - ein - sein

Aufgabe 2
Abschied = Subjekt, *reißt* = Prädikat, *an unseren Herzen* = präpositionales Objekt;
dann = Temporalbestimmung, *fiel ein* = Prädikat, *mir* = Dativobjekt, der kleine Wunsch = Akkusativobjekt

Aufgabe 3
Kreuzreim: Leben - Glück - geben - zurück; Gast - ist - hast - bist

Seite 55
(Fortsetzung)
schreiben - was - bleiben - das

Aufgabe 4
das Glück = Subjekt, *ist ein merkwürdiger Gast* = Prädikat; *wir* = Subjekt, *wollen gute Freunde bleiben* = Prädikat

Aufgabe 5
umschließender Reim: Sorgen - Nacht - lacht - Morgen

Aufgabe 6 EXTRA
deine Sorgen = Subjekt, *rauben* = Prädikat, *dir* = Dativobjekt, *in der Nacht* = Adverbialbestimmung der Zeit, *deinen Schlaf* = Akkusativobjekt; *deine/deinen* = Attribute;
an jedem Morgen = Adverbialbestimmung der Zeit, *spürst* = Prädikat, *du* = Subjekt, *immer wieder* = Adverbialbestimmung der Zeit (Wie oft?), *dass die Sonne lacht* = Objektsatz; *jedem* = Attribut

Seite 56

Aufgabe 3
Ebbe und Flut sind die Gezeiten des Meeres. So nennt man die periodisch auftretenden Wasserstandsschwankungen. Das Steigen des Meeresspiegels heißt Flut, das Fallen Ebbe.

Seite 57

Aufgabe 4
Herr Keuner glaubt durch ein Tal zu gehen, als er in aufsteigendes Wasser gerät.

Aufgabe 5
Herr Keuner hofft zuerst auf <u>einen Kahn</u>.
Aber das ist nicht sinnvoll, weil <u>die Chance, dass ausgerechnet dort/jetzt ein Kahn kommt, gleich null ist</u>.
Dann hofft Herr Keuner, dass <u>das Wasser nicht mehr steigen möge</u>.
Aber das ist nicht sinnvoll, weil <u>das Steigen des Wassers (Flut) eine Gesetzmäßigkeit ist</u>.

Aufgabe 6
Der herbeigewünschte Kahn war für Herrn Keuner der Gegenstand, mit dessen Hilfe er sich retten wollte. Da dieser nicht kam, erfüllte seine Fähigkeit, schwimmen zu können, die gleiche Funktion.

Aufgabe 7
1. Stelle: Er erkennt seinen Irrtum und die Gefahr.
2. Stelle: Er erkennt, dass man sich selbst helfen muss.

Seite 58

Aufgabe 2
Rückgrat: 1. Wirbelsäule, 2. Stütze → ohne Rückgrat: haltlos sein (charakterschwach)
Illegalität: Ungesetzlichkeit; illegale Lebensweise (ohne behördliche Genehmigung)
Agent: in staatlichem Geheimauftrag tätiger Spion

Aufgabe 3 EXTRA
Die personifizierte Gewalt steht für die Herrschaft der Nationalsozialisten, die 1933 die Macht in Deutschland übernahmen. Brecht erkannte die Gefahr. Mit „ich habe kein rückgrat zum zerschlagen. gerade ich muß länger leben als die gewalt" äußert sich Bertolt Brecht zu seinen Motiven (Beweggründen), ins Exil zu gehen.

Seite 59

Aufgabe 4 EXTRA
<u>Rahmenhandlung</u>: Herr Keuner spricht sich „in einem saale vor vielen gegen die gewalt" aus. Als er aber „die gewalt" „hinter sich stehen" „sah" und diese nachfragte, sagt er das Gegenteil.
<u>Binnenhandlung</u>: Der Widerspruch besteht in seinem siebenjährigen Dienst für den Agenten, ohne zuzustimmen, und seinem Nein nach dessen Ende.

Aufgabe 7
<u>Satzanfänge</u>: Maßnahmen ..., Als ..., Er ..., „Was ..., „Ich ..., Als ..., Herr ...: „Ich ..., Gerade ..., Und ...: In ..., Der ...: „Wirst ..., Herr ..., Aber ...: Das ..., Als ..., Da ...: „Nein."

<u>Substantive/Nomen</u>: Maßnahmen, Gewalt, Herr Keuner, (der) Denkende, Saale, Gewalt, Leute, Gewalt, Gewalt, Gewalt, Herr Keuner, Herr Keuner, Schüler, Rückgrat, Herr Keuner, Rückgrat, (zum) Zerschlagen, Gewalt, Herr Keuner, Geschichte, Wohnung, Herrn Egge, Tages, Zeit, Illegalität, Agent, Schein, Namen, Stadt, Wohnung, Fuß, Essen, Mann, Agent, Stuhl, Essen, Gesicht, Wand, (vor dem) Einschlafen, Herr Egge, Decke, Fliegen, Schlaf, Tage, Jahre, Wort, Jahre, Agent, (vom) Essen, Schlafen, Befehlen, Agent, Herr Egge, Decke, Haus, Lager, Wände

Aufgabe 8 EXTRA
Ich bin gegen eine Reform der Rechtschreibung von solchem Ausmaß, dass alle die Bücher, die auf die alte Weise gedruckt sind, schwer lesbar werden. Die

großen Buchstaben sollte man nur für Namen und für die Fürwörter in der Anrede verwenden. (Auch für den Satzanfang nicht; da genügt der Punkt und ein Abstand.) Die Aussprache sollte in der Rechtschreibung berücksichtigt werden. Ich würde schreiben: [...] Liebe darf man nicht libe schreiben und toll nicht tol. Fisik scheint mir in Ordnung, wase nicht. Wer ins teater geht, sollte einen zilinder aufsetzen können, aber mystik sollte er nicht vorgesetzt bekommen, lieber farsen. Razion liest sich für mich nicht übel, aber razio geht nicht und nazion ist undenkbar, da habe ich einen Schock bekommen.

Seite 60/61

Aufgabe 2

1. Abschnitt:
   In zwei Minuten ist der Rettungshubschrauber „Christoph 54" startklar.
2. Abschnitt:
   Ausbildung und Anforderungen an: 1. die Piloten: mindestens 2500 geleistete Flugstunden, jährliche Fortbildung, 2. die Notärzte: sehr viel Erfahrung in der Intensiv- und Notfallmedizin, 3. die Rettungsassistenten: Sonderausbildung in der Intensivpflege; 4. alle: Kraft und starke Nerven, keine Angst
3. Abschnitt:
   Dienstzeiten und Einsatzgebiet
4. Abschnitt:
   Regelungen zur Rettung bei Schlechtwetter und anderen Notfällen; Arten der Verunglückten

Seite 63

Aufgabe 2

Durch die Verwendung des Passivs werden die Tätigkeiten/Vorgänge in den Vordergrund gerückt.

Aufgabe 3

Wie wird Erste Hilfe richtig geleistet?
... Die wichtigsten Verhaltensweisen im Notfall werden erklärt von Notarzt Dr. Stefan Gromer (38). ... Zunächst muss unterschieden werden: ... Ob man leblos ist, wird so getestet: Der Patient wird angeschrien und fest gerüttelt.
... Sofort wird ein Notruf abgesetzt!
... Ein Bewusstloser wird nicht beatmet, aber stabilisiert. Der Patient wird auf die Seite gedreht. Sein Kopf wird in den Nacken gelegt. Wenn die stabile Seitenlage nicht beherrscht wird, ...
..., wird als Erstes der Notarzt gerufen. Dann muss sofort mit der Herzdruckmassage angefangen werden. Das Brustbein wird mit beiden Handballen in Richtung Wirbelsäule gedrückt. Dadurch wird das Herz zusammengepresst und ...
... Das Drücken darf nicht unterbrochen werden, ..., dass jeweils die andere Öffnung zugehalten wird.
Wie werden Kinder beatmet?
Kinder ab zwei Jahren werden im Prinzip genauso beatmet wie Erwachsene. ... Ein Ausatmungsstoß wird dann in mehreren kurzen Stößen in den Körper des Kindes gepustet. Wie kräftig soll gepustet werden?
Die Personen werden so beatmet, ... Die Herzdruckmassage muss fortgesetzt werden, ...
Was wird bei schweren Blutungen getan?
... Die Wunde wird nicht abgebunden! Sie wird möglichst steril abgedeckt. Mit einem Druckverband oder mit den Händen wird punktuell auf die Wunde Druck ausgeübt. ..., werden diese, wenn möglich, nach oben gehalten.
..., das Gehirn also nicht mehr mit Sauerstoff versorgt wird, ... Auch wenn Fehler gemacht werden können, hilft man einem leblosen Menschen immer mehr, wenn eine Herzdruckmassage gemacht wird, ...

Seite 64

Aufgabe 2

1. SIE: ... wenn du ein kleines bißchen mehr auf mich achten würdest, ... Aber du interessierst dich ja überhaupt nicht für mich ...
2. ER: Es ist schon eine Unverschämtheit, was einem so Abend für Abend im Fernsehen geboten wird!
3. ER: Ich gehe nach den Spätnachrichten der Tagesschau ins Bett.

Seite 65

Aufgabe 3

In das Eheleben ist Gleichförmigkeit eingezogen.
Dadurch, dass „Abend für Abend" ferngesehen wird, hat sich eine Fernsehabhängigkeit entwickelt, sodass andere kulturelle Tätigkeiten nicht mehr ausgeübt werden.

Seite 66

Aufgabe 1

Anzukreuzen ist:
In der Band spielen Behinderte gemeinsam mit Nichtbehinderten.
Die Band existiert seit über dreißig Jahren.
Die Band ist von der UNESCO als „Künstler für den Frieden" ausgezeichnet worden.
Die Band stammt aus Ludwigsburg.

Seite 67

Aufgabe 2

1. Abschnitt: Entstehung der Brenz Band
2. Abschnitt: Die Musikerinnen und Musiker
3. Abschnitt: Der Gründer und sein Motto
4. Abschnitt: Aktivitäten und Erfolge
5. Abschnitt: Das Thema des Buches

4 Kannst du auch bei diesen Ausschnitten herausfinden, wo das Praktikum vermutlich stattgefunden hat? Schreibe es auf. Ergänze zugleich die fehlenden Konjunktionen (Bindewörter).

1

Dann wurde der Teig in eine zugluftfreie Ecke gestellt, __________ er gut aufgehen konnte.
__________ ich kleine Kugeln daraus formen konnte, musste er noch einmal kräftig durchgeknetet werden.
__________ die Teigkugeln weitere zehn Minuten auf dem Backblech gegangen waren, wurden die Brötchen gebacken.

____

2

__________ der Chef das Lamm zerlegt und Rücken und Keule herausgelöst hatte, musste ich das restliche Fleisch für Lammragout klein schneiden.
__________ ich die Knochen wegbrachte, hatte sie der Chef erst noch in Stücke gehackt. Ich hatte vor meinem Praktikum nicht gedacht, __________ diese Arbeit so anstrengend ist.

____

3

Anfangs hatte ich große Hemmungen, __________ ein Kunde auf mich zukam. Später habe ich mich sogar darum bemüht, __________ die Kunden mich um Rat fragten.
Ich musste erheblich mehr Buchrecherchen am Computer durchführen, __________ ich mir vorgestellt hatte.
Einige Male musste ich Regale mit Büchern einräumen, __________ die Ausstellungsflächen immer gefüllt und mit Neuerscheinungen ausgestattet sein müssen.
Besonders gut gefallen hat mir, __________ ich ein Schaufenster für Jugendbücher dekorieren durfte.

____

4

Immer __________ schönes Wetter war, bin ich mit den alten Menschen im Park spazieren gegangen.
__________ ziemlich wenig Personal zur Verfügung steht, bleibt normalerweise für solche Spaziergänge keine Zeit. Umso dankbarer waren die alten Menschen, __________ ich mit ihnen oft hinaus ins Grüne gegangen bin.
__________ die Mitarbeiterinnen und Mitarbeiter sehr viel zu tun hatten, nahmen sie sich die Zeit, __________ meine Fragen zu beantworten.

____

5 EXTRA Erstelle für deine Mitschüler ein Übungsblatt zum Training der Zeichensetzung. Beschreibe berufstypische Arbeitsvorgänge, mit denen du während deines Praktikums zu tun hattest. Lasse Kommas weg, damit diese später von den anderen eingesetzt werden können.

Welcher Meinung bist du?

Zu vielen Fragen kann man unterschiedlicher Meinung sein. In der Schule wird oft von dir verlangt, dass du zu einem vorgegebenen Thema schriftlich Stellung beziehst.

1 Hier ist eine Auswahl von Themen. Kreuze jeweils an, wie deine Einstellung dazu ist: pro (+), kontra (–) oder unentschieden (?).

Thema/Entscheidungsfrage	+	–	?
1. Dürfen wir **Tiere töten**, damit wir Fleisch essen können?			
2. Sollten **Drogen** frei zu kaufen sein?			
3. Sollte man **Doping** im Sport erlauben?			
4. Sollte man die Laufzeiten für **Atomkraftwerke** verlängern?			
5. Sollte man Computerspiele mit **Gewaltszenen** verbieten?			
6. Sollte der **Schusswaffenbesitz** generell verboten werden?			
7. Sollte das **Kinderwahlrecht** eingeführt werden?			
8. Sollte **Alkohol am Steuer** ganz verboten werden?			
9. Sollten einheitliche Regeln für die **Kleidung in der Schule** gelten?			
10. Sollte Deutsch auf dem Schulhof **Pflichtsprache** sein?			
11. Sollten Jungen verstärkt **„Frauenberufe“** erlernen?			
12. Sollten **Geschwindigkeitskontrollen** verschärft werden?			
13. Sollte es auf Autobahnen ein **Tempolimit** (z. B. 100 km/h) geben?			
14.			

2 Schreibe in die letzte Zeile eine Frage, von der du weißt, dass sie kontrovers (strittig, entgegengesetzt) diskutiert wird.

3 Schreibe zu jedem Thema jeweils stichpunktartig ein Argument, das deine Meinung begründet. Schreibe in die erste Spalte das oben fettgedruckte Stichwort und kennzeichne deine Einstellung durch das betreffende Zeichen (+, –, ?), z. B.:

1. Tiere töten ______ (+) Fleisch gehört zur gesunden Ernährung.
2. ______ ( ) ______
3. ______ ( ) ______

4. ______ ◯ ______
5. ______ ◯ ______
6. ______ ◯ ______
7. ______ ◯ ______
8. ______ ◯ ______
9. ______ ◯ ______
10. ______ ◯ ______
11. ______ ◯ ______
12. ______ ◯ ______
13. ______ ◯ ______
14. ______ ◯ ______

4 Suche dir eine Frage/ein Thema aus und trage dazu alle Argumente, die dir bekannt sind, zusammen. Schreibe auf einem gesonderten Blatt, z. B.:

1. These

Der Mensch soll Tierfleisch essen.

Argumente

1.1. Fleisch ist Bestandteil einer abwechslungsreichen Ernährung.

1.2. Im Fleisch sind lebensnotwendige Nährstoffe enthalten. …

2. Antithese

Der Mensch hat nicht das Recht, Tiere zu töten.

Argumente

2.1. Tierquälerei – Tiere tun einem leid

2.2. Am Fleischverzehr ist ungesund …

5 Fasse deine persönliche Meinung zum Thema zusammen. Begründe sie mit den Argumenten aus Aufgabe 4. Widerlege die Gegenargumente aus Aufgabe 4.

6 Schreibe in einem Einleitungssatz, warum dich dieses Thema besonders interessiert. Schreibe auf einem gesonderten Blatt.

7 EXTRA Schreibe auf einem gesonderten Blatt eine vollständige Erörterung zum gewählten Thema. Denke daran:

Einleitung → Hinführen zum Thema; aktuelles Beispiel; deine Vorarbeiten; was du zum Thema gelesen, gehört und gesehen hast; warum dich das Thema interessiert

Hauptteil → Punkt für Punkt anhand deiner Vorarbeit in Aufgabe 4. Achte darauf, dass du deine Argumente begründest und durch Beispiele stützt.

Schluss → kurze Zusammenfassung der persönlichen Meinung; Platz für offene Fragen, Wünsche und Erwartungen an das Verhalten deiner Mitmenschen

pro = für, kontra = gegen

1 Schreibe zu den Substantiven/Nomen die Adjektive und zu den Adjektiven die Substantive/Nomen. Wenn du die Bedeutung der Wörter nicht kennst, benutze ein Wörterbuch.

1. Experiment → experimentell
2. Industrie → ______
3. Pharmazie → ______
4. Funktion → ______
5. Interesse → ______
6. Kompetenz → ______
7. Substanz → ______
8. System → ______
9. kreativ → Kreativität
10. global → ______
11. komplex → ______
12. typisch → ______
13. aktiv → ______
14. chemisch → ______
15. dynamisch → ______
16. kritisch → ______

2 Schreibe zu jedem Fremdwort aus Aufgabe 1 eine sinnvolle Wortgruppe, z. B.
ein Experiment durchführen, experimentelle Arbeiten

______

______

______

______

______

3 Kläre die Bedeutung der folgenden Fremdwörter und ordne sie nach ihrem grammatischen Geschlecht:

~~Korrektur~~   Klientel   Paragraf   Radio   Ressort   Gremium

Bedeutung	Maskulinum	Femininum	Neutrum
Berichtigung		die Korrektur	

4 Kreuze die richtige Schreibweise der Fremdwörter an. Wenn du nicht sicher bist, benutze ein Wörterbuch.

☐ briliant	☐ brillant	☐ brilliant
☐ officiell	☐ offiziel	☐ offiziell
☐ national	☐ nazional	☐ natzional
☐ tollerant	☐ tolerand	☐ tolerant
☐ fair	☐ fär	☐ fähr
☐ inovativ	☐ innovativ	☐ innowativ

5 Kläre die Bedeutung folgender Wortbausteine und schreibe möglichst viele Wörter mit den betreffenden Bausteinen auf. Benutze ein Wörterbuch.

~~geo~~ bio tele human auto mobil astro hydro

Wortbaustein	Bedeutung	Beispiele
geo	*Erde (Himmelskörper), Boden, Land*	*Geografie, Geologie, Geometrie*

6 EXTRA Kläre die Bedeutung der rot markierten Wortbausteine. Verwende ein gesondertes Blatt Papier, z. B.: *prä* → *vor*

~~PRÄ~~ POSITION ANTI BABYPILLE BI NATIONAL MULTI KULTURELL

DIS HARMONISCH INTER NATIONAL HOMO GEN

Was bedeutet dir dein Aussehen?

1 Lies, wie sich eine Schülerin und ein Schüler zu dieser Frage geäußert haben. Unterstreiche in jedem Abschnitt den wichtigsten Gedanken. Notiere dann das Wesentliche jeweils mit eigenen Worten.

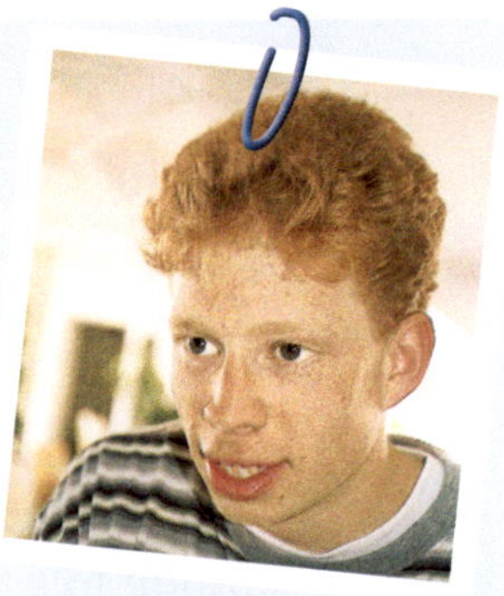

Lukas (15)

Ich finde es ganz gut, wenn man weder zu dick noch zu dünn ist. Ein richtiges Vorbild habe ich nicht. Manchmal sehe ich jemanden in einer Zeitschrift, dann denke ich: „So würde ich auch gern aussehen." Aber jemanden wie Schwarzenegger finde ich übertrieben. Man muss ja nicht jeden Muskel einzeln sehen. Es soll halt natürlich wirken. Schwarzeneggers Figur finde ich extrem.

Ich mache morgens vor der Schule Übungen, um meine Muskeln aufzubauen. Ich mache erst einmal 30 Liegestütze und etwa 150 Sit-Ups. Und abends mache ich das auch, aber dann trainiere ich länger. Da habe ich ja mehr Zeit. Die Muskeln kann man auch sehen.

Ich bin ganz zufrieden mit mir, wenn ich in den Spiegel gucke. Wenn ich mal nicht trainiert habe, sehe ich das aber auch. Dann denke ich, dass ich am nächsten Morgen wieder früher aufstehen und was tun muss.

Für mich ist es schon wichtig, gut auszusehen. Ich achte auch bei den Klamotten drauf. Natürlich muss ich nicht immer die teuersten Sachen haben. Aber manchmal will man etwas Bestimmtes haben. Dann spare ich auch dafür. Ich trage Zeitungen aus und davon kann ich mir dann Klamotten kaufen.

Ich finde aber auch, dass Schönheit etwas ist, was mit dem Charakter zu tun hat. Wenn man lächelt, wirkt man schöner, als wenn man immer ernst ist. Ich fand auch schon einmal ein Mädchen toll, das ich am Anfang gar nicht so hübsch fand. Aber nach einer Weile fand ich sie dann schon ganz gut aussehend, weil sie eben sehr nett war.

Katja (14)

Ich bin ziemlich zufrieden damit, wie ich aussehe. Klar, ein paar Kleinigkeiten könnten besser sein. Aber eigentlich finde ich mich völlig in Ordnung, so wie ich bin.
Ich glaube, dass Schönheit auch viel damit zu tun hat, wie man ist. Ob man nett ist oder ein Biest. Ich suche mir meine Freundinnen ja auch nicht danach aus, ob sie schön sind, sondern ob sie nett sind. Ich finde es wichtiger, Spaß zu haben und zufrieden zu sein, als schön zu sein.
Eine Diät habe ich noch nie gemacht, und ich glaube auch nicht, dass ich eine machen würde. Das bringt ja nichts.
Ich habe ein ziemlich gutes Selbstbewusstsein. Wahrscheinlich liegt das daran, dass ich schon mein halbes Leben lang Karate mache. Ich habe damit angefangen, als ich sechs war. Ich glaube, deshalb bin ich ziemlich ausgeglichen. Und es ist ein gutes Gefühl zu wissen, dass man sich damit verteidigen kann. Ich fühle mich stark dadurch.
Klar, es gibt mal Tage, da stehe ich vorm Spiegel und dann gefällt mir irgendetwas nicht an mir. Ich versuche dann, etwas zu machen, was mir Spaß macht. So kriege ich wieder bessere Laune. Ich spiele was oder treffe mich mit einer Freundin. Das bringt mir viel mehr, als schlecht gelaunt vor dem Spiegel zu stehen. Zum Glück habe ich das aber sowieso nicht oft.

2 Beantworte folgende Fragen auf einem gesonderten Blatt:
- Wie wichtig ist dir dein Aussehen?
- Was tust du dafür?
- Wie gefällst du dir selbst?
- Wie steht es um dein Selbstbewusstsein?
- Welche Beziehung siehst du zwischen Aussehen und Charakter eines Menschen?

3 EXTRA Beschreibe dich selbst ähnlich ausführlich wie sich Lukas und Katja beschrieben haben. Führe auch Begründungen und Beispiele für deine Einstellung und deine Haltung an. Verwende ein gesondertes Blatt Papier.

Wie sieht sie, wie sieht er aus?

1 Ordne diese Eigenschaften des Aussehens und der Körpersprache in die Tabelle ein. Mehrfacheintragungen sind möglich. Du kannst auch selbst Wörter ergänzen.

~~dünn~~	piepsig	rund	~~schütter~~	leuchtend	licht	fein
blond	strahlend	sanft	braun	grau	rot	ruckartig
normal	~~kräftig~~	glatt	kraus	traurig	lockig	voll
leise	lang	kurz	offen	unbeholfen	lang	glänzend
breit	mittel	struppig	laut	schwarz	groß	spitz
schlank	zart	klein	schmal	eckig	dick	heftig
sportlich	lustig	blau	grün	heiser	rau	schmal
wulstig	mittelgroß	hervortretend	hoch	tief	geschmeidig	~~hell~~
ungeschickt	müde	athletisch	schnell	dunkel		

Äußeres, Erscheinungsbild			
	von		bis
Beschaffenheit und Farbe der Haare	dünn, schütter, hell	normal	kräftig, dunkel
Form der Nase			
Form und Farbe der Augen			
Form der Lippen			
Form des Kinns			
Statur, Wuchs			

Äußeres, Erscheinungsbild			
	von		bis
Stimme			
Bewegungen			
Schritte			

2 Beschreibe mithilfe der Wortsammlung das Äußere und die Körpersprache einer gedachten Person. Bilde zehn Sätze des Musters *„Sie/Er hat …"* wie im Beispiel. Rechts kannst du deine Person zeichnen.

Er hat langes, kräftiges, gelocktes Haar.

3 EXTRA Erzähle jemandem die Anekdote. Versuche, sie zunächst (für dich) aus dem Kopf zu erzählen.

Über den Physiker und Schriftsteller Georg Friedrich Lichtenberg (1742–1799) wird folgende Anekdote erzählt:

In einer Abendgesellschaft machte sich jemand über die auffallend großen Ohren von Lichtenberg lustig. Doch Lichtenberg konterte prompt:
„Mag sein, dass meine Ohren für einen Menschen recht groß sind, aber Sie werden einsehen, dass Ihre Ohren für einen Esel reichlich klein sind."

Unglaubliches Erlebnis

Siegfried Lenz
Die Dicke der Haut

Brunswik hatte einen Masseur ins Haus bestellt, und ich fuhr noch vor dem Frühstück raus zu ihm und meldete mich an: Ich wurde bereits erwartet.

Ein verhärmtes Mädchen öffnete, führte mich eine Treppe hinauf, führte mich zu einer schmalen Tür und klopfte und ließ mich rein.

Er lag auf einer fellbedeckten Couch, regungslos, mit schlapp herabhängenden, fleischigen Armen. Brunswik lag auf dem Gesicht. Sein weiches Rückenfleisch schimmerte sanft im Fensterlicht, tief gefaltet war der saubere Nackenspeck, hochgedrückt zur Seite das hängende Kinn: Der Atem ging schnell und angestrengt. Von unten erklang das Jaulen eines Hundes.

„Kommen Sie", sagte Brunswik, „fangen Sie an."

„Ja", sagte ich, „sofort", und ich machte mich fertig zur Massage. Leicht tatschte ich kleine Spritzer der Fettcreme auf seinen Rücken, auf die weichen Hüften, den Nacken, und jedes Mal zuckte er unter der kühlen Berührung des Fettes zusammen, unter dem geringen Druck meiner Fingerkuppen.

„Gleich", tröstete ich ihn, „gleich ist es vorbei."

Er richtete sein Gesicht auf und nickte, und ich sah, dass Brunswik sehr jung war.

Wieder erklang, laut und auflehnend, das Jaulen des Hundes unter uns, und als ich dem Jaulen nachlauschte, sagte Brunswik: „Von mir aus können Sie beginnen."

Und ich begann: Milde verstrich ich die Fettcreme, rieb sie in die gelbliche Haut, griff behutsam in das weiche Rückenfleisch und zog eine Drucklinie herab, während er leise seufzte und keuchte.

„Gut", seufzte er, „so ist gut."

In diesem Augenblick jaulte der Hund auf wie unter einem plötzlichen Schmerz, und ich sagte: „Hören Sie das?"

„Ja", sagte er, „ich höre."

„Der scheint was zu haben, der Hund."

„Sicher", sagte Brunswik, „er hat Hunger. Der Hund jault vor Hunger, das ist in jeder Woche so. Er wird sich schon daran gewöhnen."

„Ihr Hund?", fragte ich.

„Ja", sagte er.

Ich entdeckte neben dem tief im Rückenspeck liegenden Schulterblatt einen Knoten, weich setzte ich an, drückte mit dem Handballen, schob den Knoten mit dem Daumen auf: Brunswik stöhnte jetzt, schlug sein Gesicht aufs Kissen, aber ich ließ nicht nach.

„Da sitzt es", sagte ich.

„Ja", sagte er, „da an der Schulter."

Ich ließ die Fingerkuppen sorgfältig den Konturen des Knotens nachspüren, trommelte schwach, drückte dann wieder, bis Brunswik leise aufschrie.

„Ist genug", bat er, „nicht mehr da."

Schweigend nahm ich mir die andere Schulter vor, und als der Hund unten zu winseln begann, fragte ich: „Was fehlt Ihrem Hund?"

„Nichts", seufzte er, „gar nichts. – Aber das tut ihm gut, wenn er hungert. Anderthalb Tage in der Woche muss er hungern. So ein Hund muss wissen, von wem er das Futter bekommt und dass das Futter nicht etwas Alltägliches ist. Außerdem ist Hunger gut für Hunde. Wer seinen Hund liebt, muss ihn hungern lassen."

„Sicher", sagte ich, „aber anderthalb Tage sind viel." Und ich walkte und knetete jetzt das hängende Hüftfleisch, rollte es beidhändig zwischen Daumen und Zeigefinger, kniff und zupfte, und Brunswik schloss unter der schmerzhaften Wohltat die Augen. Er röchelte leise, das pünktliche Gefühl unwiderstehlicher Schläfrigkeit stellte sich ein: Gleich, dachte ich, gleich wird er einschlafen. Ich knetete die schlappen, fleischigen Arme durch, strich mit langem Druck bis zum Bizeps hinauf – oder doch bis zu der Stelle, wo sich sonst der Bizeps befindet: Ein kleines, wohliges Stöhnen drang aus Brunswiks Mund, ein unartikuliertes Heimweh nach Schlaf.

Plötzlich erklang das Jaulen des Hundes, erklang hell und ungeduldig, ein Jaulen der Freude. Brunswik hob misstrauisch den Kopf, lauschte, und als dem Jaulen ein erregtes Gebell folgte, erhob er sich, winkte mir, an meinem Platz zu bleiben, und trat ans Fenster. Und während er misstrauisch dastand und hinablauschte, sah ich ihn an: die weißen, muskellosen Beine, den hängenden Hüftspeck, den fahlen und gewölbten Nacken; rasch senkte und hob sich die weiche, unbehaarte Brust, aufmerksam bewegten sich die kleinen Augen in den blassen Fettpolstern:

Das freudige Gebell des Hundes wiederholte sich nicht.

Müde kam Brunswik zur Couch zurück, lachte schwach, wälzte sich auf die Felldecke und nickte mir zu, die Massage fortzusetzen. Und als ich mit den Handkanten seine Hinterbacken bearbeitete, fest klopfte, um das Fleisch zu straffen, wurde die

Tür geöffnet. Das verhärmte Mädchen schaute herein, atemlos, mit den großen Augen der Furcht. Ich unterbrach das Klopfen, und Brunswik fragte: „Ist das Frühstück fertig?“

„Ja“, sagte das Mädchen leise.

„Habt ihr alles bekommen? Warmen Räucheraal, frische Mayonnaise?“

„Es ist alles da“, sagte das Mädchen. „Den Aal schickt uns jetzt die Räucherei jeden Morgen.“

„Wir sind gleich fertig“, sagte Brunswik.

„Aber der Hund“, sagte das Mädchen.

„Er bekommt erst morgen Mittag was.“

„Nein“, sagte das Mädchen, „der Hund, ich glaube, der Hund stirbt. Irgendwer hat ihm etwas über den Zaun geworfen. Und er hat es gefressen, und jetzt liegt er unter den Johannisbeeren und zuckt. Vielleicht haben sie ihm etwas Giftiges gegeben, weil er immer so jaulte.“

„Ich werde nachsehen“, sagte ich, „ich geh mal runter.“

Das Mädchen brachte mich runter, zeigte mir den Garten und die schwarzen Johannisbeeren, und unter dem Busch lag der Hund. Es war ein magerer, braungefleckter Hund: Friedlich, die Pfoten ausgestreckt, so lag er auf der Seite im Gras unter den Johannisbeeren. Die Schnauze war leicht geöffnet, winzige, grünliche Schaumblasen standen an seinen Lefzen: Der Hund zuckte jetzt nicht mehr, er war tot.

„Was soll ich mit ihm machen?“, fragte das Mädchen.

„Gar nichts“, sagte ich.

Langsam ging ich zum Haus zurück, in das Couchzimmer, wo mein Zeug war. Brunswik war verschwunden. Ich packte alles zusammen, zog den Regenmantel an, nahm meine Aktentasche und ging hinaus auf den Flur.

Und jetzt ging eine Tür auf, die Tür zum Frühstückszimmer: Brunswik saß allein an einem Tisch, saß, nur mit einem gestreiften Bademantel bekleidet, vor seinem Kaffee, vor Platten mit Räucheraal, Wurst, Geflügel, feinem Speck und Eiern, und während er mit einem Löffel Mayonnaise auf ein Brot kleckste, lächelte er mich an und rief: „Bis morgen, bis morgen um dieselbe Zeit.“

„Ja“, sagte ich, „ja.“

Aber ich wusste, dass ich log.

1 Lies den Text. Beantworte anschließend folgende Fragen:

1. Wo spielt die Geschichte?

____

2. Wer sind die handelnden Personen?

____

3. Welche Charaktereigenschaften zeigen die handelnden Personen?

Der Masseur (Ich-Erzähler): _______________

____

____

____

____

____

____

4. Was geschieht in der Geschichte?

5. Welche Rolle spielt das Essen in der Geschichte?

6. Warum lässt Brunswik seinen Hund hungern?

7. Warum beschreibt der Verfasser der Geschichte vermutlich die Massage und das Äußere von Brunswik so genau?

8. Warum will der Masseur nicht mehr wieder kommen?

2 EXTRA Fasse den Inhalt der Kurzgeschichte mit eigenen Worten zusammen.

3 EXTRA Erzähle die Geschichte aus der Perspektive des Mädchens. Wenn dir der Platz nicht ausreicht, verwende ein gesondertes Blatt Papier.

4 EXTRA Schreibe deine Meinung zum Verhalten der beteiligten Personen auf.

frei sprechen oder freisprechen

Diese Verben werden immer getrennt geschrieben:

lesen üben | spazieren gehen | arbeiten kommen

baden gehen | rechtschreiben üben | tanzen gehen | lernen kommen

1 Setze die passenden Verben in die Lücken ein.

1. Wir wollten gestern baden gehen, aber das Wetter war schlecht.
2. Heute hat das Praktikum begonnen, alle sind ______ ______.
3. Es ist so schöne Luft draußen, lasst uns ein bisschen ______ ______.
4. Mein Bruder geht in die 2. Klasse, er muss noch tüchtig ______ ______.
5. Wir hatten uns gut auf die Klausur vorbereitet, alle waren ______ ______.
6. Hast du Lust, am Wochenende mit mir ______ ______ ______?
7. Ich kann nicht kommen, ich muss noch ______ ______.

Diese Verben werden mit diesen Substantiven/Nomen immer zusammengeschrieben. – Es sind Ausnahmen, präge sie dir gut ein:

schlussfolgern | maßregeln | schlafwandeln | handhaben

brandmarken | wehklagen | lobpreisen

2 Fülle die Tabelle aus.

Infinitiv	Präteritum	Partizip II
schlussfolgern	schlussfolgerte	geschlussfolgert
maßregeln		
schlafwandeln		
handhaben		
brandmarken		
wehklagen		
lobpreisen		

3 Bilde mit jedem dieser Verben einen Satz. Wähle jeweils den Infinitiv, das Präteritum oder das Partizip II. Verwende ein gesondertes Blatt Papier.

Manche Verben werden nur dann zusammengeschrieben, wenn sie in einer übertragenen Bedeutung verwendet werden.

4 Setze jeweils die passenden Verben in die Lücken ein. Achte auf die Getrennt- und Zusammenschreibung.

1. **frei sprechen** oder **freisprechen**?
   a) Sie hat bei ihrem Referat ganz frei gesprochen.
   b) Sie wurde vom Gericht freigesprochen.

2. **kürzer treten** oder **kürzertreten**?
   a) Er ist laufend krank, er muss jetzt erst einmal etwas ______________________.
   b) Du bist erneut übergetreten, du muss vor dem Brett etwas ______________________.

3. **sitzen bleiben** oder **sitzenbleiben**?
   a) Im neunten Schuljahr ist er ______________________.
   b) Manche kennen im Bus keine Höflichkeit und ______________________.

4. **schwer fallen** oder **schwerfallen**?
   a) Sie musste ins Krankenhaus, sie ist ______________________.
   b) Es wird dir ja nicht ______________________, mir die Aufgabe zu erklären.

5. **fertig machen** oder **fertigmachen**?
   a) Er will seine Gegner ______________________.
   b) Wir sind schon spät dran, du musst dich endlich ______________________.

6. **kalt stellen** oder **kaltstellen**?
   a) Hast du die Getränke ______________________?
   b) Sie kennt keine Gnade, sie will sie alle ______________________.

7. **gerade biegen** oder **geradebiegen**?
   a) Das war daneben, du solltest die Sache schnell wieder ______________________.
   b) Schaffst du es, die Stange ______________________?

5 EXTRA Verwende diese Verben in Sätzen. Verwende auch Präteritum und Perfekt.
abhandenkommen, zugutehalten, zunichtemachen, zuteilwerden

____

____

____

____

Es ist eine alte Geschichte …

Hast du selbst schon einmal ein Gedicht geschrieben? Versuch es in diesem Kapitel. Lies die Gedichte zunächst einige Male halblaut vor. Sieh dir dann genau an, wie sie aufgebaut sind (Inhalt, lyrisches Ich, sprachliche Bilder, Verbformen, Strophe, Reim, Rhythmus). Lass dich anregen, wähle aus und schreibe einfach los …

1 Verfasse eine oder zwei Strophen in der Art des Gedichts von Heinrich Heine.

Heinrich Heine
Ein Jüngling liebt ein Mädchen

Ein Jüngling liebt ein Mädchen,
Die hat einen andern erwählt:
Der Andre liebt eine Andre,
Und hat sich mit dieser vermählt.

Das Mädchen nimmt aus Ärger
Den ersten, besten Mann.
Der ihr in den Weg gelaufen:
Der Jüngling ist übel dran.

Es ist eine alte Geschichte,
Doch bleibt sie immer neu:
Und wem sie just passieret
Dem bricht das Herz entzwei.

2 Schreibe ein Liebesgedicht, das sich an Inhalt und Form des Gedichts von Ulla Hahn anlehnt.

Ulla Hahn
Bildlich gesprochen

Wär ich ein Baum ich wüchse
dir in die hohle Hand
und wärst du das Meer ich baute
dir weiße Burgen aus Sand.

Wärst du eine Blume ich grübe
dich mit allen Wurzeln aus
wär ich ein Feuer ich legte
in sanfte Asche dein Haus.

Wär ich eine Nixe ich saugte
dich auf den Grund hinab
und wärst du ein Stern ich knallte
dich vom Himmel ab.

3 Schreibe zu den Gedichten von Bertolt Brecht und Adelbert von Chamisso jeweils ein Parallelgedicht oder ein Gegengedicht.

Bertolt Brecht
Morgens und abends zu lesen*

Der, den ich liebe,
Hat mir gesagt,
Daß er mich braucht.

Darum
Gebe ich auf mich acht
Sehe auf meinen Weg und
Fürchte von jedem Regentropfen,
Daß er mich erschlagen könnte.

* *alte Rechtschreibung*

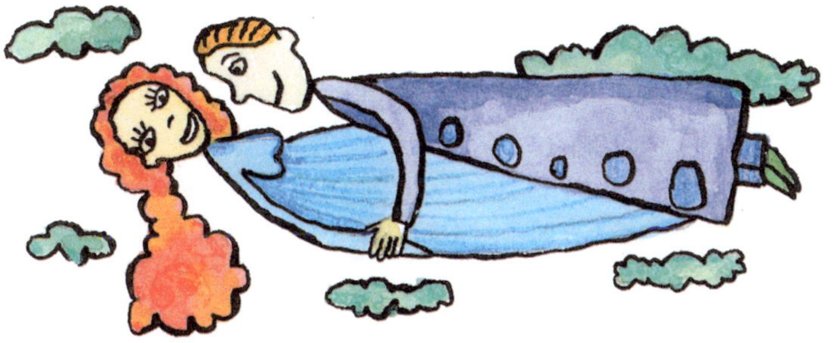

Adelbert von Chamisso
Frauen – Liebe und Leben

Seit ich ihn gesehen,
Glaub ich blind zu sein;
Wo ich hin nur blicke,
Seh ich ihn allein;
Wie im wachen Traume
Schwebt sein Bild mir vor,
Taucht aus tiefstem Dunkel
Heller nur empor.

Sonst ist licht- und farblos
Alles um mich her,
Nach der Schwestern Spiele
Nicht begehr ich mehr,
Möchte lieber weinen
Still im Kämmerlein;
Seit ich ihn gesehen,
Glaub ich blind zu sein.

Aus dem Poesiealbum

In einem Poesiealbum findet man oft merkwürdige Gedichte.

1 Ergänze die fehlenden Wörter so, dass ein Paarreim entsteht.

Bleib bei mir noch eine ______________.
Nimm dir Zeit, vergiss die ______________.
Abschied reißt an unseren ______________.
Was uns bleibt, sind nur die ______________.

Ich sann gar lange hin und ________,
was für dein Büchlein passend ________.
Da fiel der kleine Wunsch mir ________.
„Du mögest immer glücklich ________.

Herzen Eile Schmerzen Weile

wär' her sein ein

2 Bestimme die Satzglieder in folgenden Sätzen:

Abschied reißt an unseren Herzen.

Abschied = Subjekt, reißt = ______________________________

Dann fiel mir der kleine Wunsch ein.

____

3 Ergänze die fehlenden Wörter so, dass ein Kreuzreim entsteht.

Willst du glücklich sein im ____________,
trage bei zu andrer ____________;
denn die Freude, die wir ____________,
kehrt ins eigne Herz ____________.

zurück Leben Glück geben

Das Glück ist ein merkwürdiger ____________.
Man erkennt ihn oft erst, wenn er gegangen ____________.
Drum freu dich an allem, was du ____________,
an diesem Ort, an dem du jetzt ____________.

hast Gast bist ist

Ich will dir was ins Album ______________.
Ich weiß nicht ______________.
Dass wir gute Freunde ______________.
Wie gefällt dir ______________?

bleiben
was
schreiben
das

4 Bestimme die Satzglieder in folgenden Sätzen:

Das Glück ist ein merkwürdiger Gast.

____

Wir wollen gute Freunde bleiben.

____

5 Ergänze die fehlenden Wörter so, dass ein umschließender Reim entsteht.

Lass das Grämen, lass die ___________,
die den Schlaf dir rauben in der __________;
Dass die Sonne wieder ________,
spürst du doch an jedem ____________.

Morgen
lacht
Sorgen
Nacht

6 EXTRA Bestimme die Satzglieder und Satzgliedteile in folgenden Sätzen:

Deine Sorgen rauben dir in der Nacht deinen Schlaf.

____

An jedem Morgen spürst du immer wieder, dass die Sonne lacht.

____

Merke

Bei einigen Verben (*bezeichnen, bleiben, erscheinen, finden, gelten, heißen, nennen, sein, werden*) **gehören** auch Substantive/Nomen, Pronomen, Adjektive, Adverbien oder Wortgruppen mit einer Präposition **zum Prädikat**, z. B. *Er ist mein Freund. Er bleibt es. Er ist klug. Er erscheint ängstlich. Sie ist hier. Sie ist bei ihrem Freund.*

Wer ist Herr Keuner?

Die ersten Geschichten von Herrn Keuner, von denen es insgesamt 87 gibt, wurden von Bertolt Brecht 1926 geschrieben. 1938 wurden Brechts Kalendergeschichten mit insgesamt 39 Keunergeschichten erstmals veröffentlicht.

1 Lies die folgende Keunergeschichte.

Bertolt Brecht
Herr Keuner und die Flut*

Herr Keuner ging durch ein Tal, als er plötzlich bemerkte, daß seine Füße in Wasser gingen. Da erkannte er, daß sein Tal in Wirklichkeit ein Meeresarm war und daß die Zeit der Flut herannahte. Er blieb sofort stehen, um sich nach einem Kahn umzusehen, und solange er auf einen Kahn hoffte, blieb er stehen. Als kein Kahn in Sicht kam, gab er diese Hoffnung auf und hoffte, daß das Wasser nicht mehr steigen möchte. Erst als ihm das Wasser bis ans Kinn ging, gab er auch diese Hoffnung auf und schwamm. Er hatte erkannt, daß er selbst ein Kahn war.

**alte Rechtschreibung*

2 Zeichne eine einfache Skizze von der Situation (Meeresarm, Herr Keuner, die Flut).

3 Erkläre die Begriffe Ebbe und Flut.

4 Herr Keuner gerät in Gefahr. Erkläre, wie es dazu kommt.

5 Herr Keuner hofft zweimal vergeblich auf etwas. Suche die passenden Stellen und ergänze:

Herr Keuner hofft zuerst auf

Aber das ist nicht sinnvoll, weil

Dann hofft Herr Keuner, dass

Aber das ist nicht sinnvoll, weil

6 Menschen sind Lebewesen, Kähne sind Gegenstände. Trotzdem heißt es „… daß er selbst ein Kahn war." Überlege, was damit gemeint ist, und notiere deine Überlegungen in Stichpunkten.

7 Der Text erzählt an zwei Stellen, dass Herr Keuner etwas erkennt. Entscheide dich für die Antwort, die am besten passt. Kreuze an. Begründe deine Entscheidung:

1. Stelle:
- ☐ Er erkennt, dass er nicht gut auf die Situation vorbereitet ist.
- ☐ Er erkennt seinen Irrtum und die Gefahr.
- ☐ Er erkennt den Zusammenhang von Ebbe und Flut.

2. Stelle:
- ☐ Er erkennt die Lösung.
- ☐ Er erkennt, dass man sich selbst helfen muss.
- ☐ Er erkennt, dass man sich nur selten auf andere verlassen kann.

8 EXTRA Schreibe eine veränderte Geschichte, die dieselbe Aussage hat. Schreibe auf ein gesondertes Blatt Papier. Beginne z. B. so:

Frau Neumann saß im Sand, als sie plötzlich bemerkte, dass der Sand heiß wurde. Da erkannte sie, dass ihr Sand in Wirklichkeit eine Wüste war …

Bertolt Brecht und die Kleinschreibung

1 Bertolt Brecht bevorzugte die Kleinschreibung. Lies folgende Geschichte und stelle fest, ob du sie trotz durchgängiger Kleinschreibung gut verstehen kannst.

Bertolt Brecht

maßnahmen gegen die gewalt*

als herr keuner, der denkende, sich in einem saale vor vielen gegen die gewalt aussprach, merkte er, wie die leute vor ihm zurückwichen und weggingen. er blickte sich um und sah hinter sich stehen – die gewalt.
„was sagtest du?", fragte ihn die gewalt.
„ich sprach mich für die gewalt aus", antwortete herr keuner.
als herr keuner weggegangen war, fragten ihn seine schüler nach seinem rückgrat.
herr keuner antwortete: „ich habe kein rückgrat zum zerschlagen. gerade ich muß länger leben als die gewalt."
und herr keuner erzählte folgende geschichte:
in die wohnung des herrn egge, der gelernt hatte, nein zu sagen, kam eines tages in der zeit der illegalität ein agent, der zeigte einen schein vor, welcher ausgestellt war im namen derer, die die stadt beherrschten, und auf dem stand, daß ihm gehören solle jede wohnung, in die er seinen fuß setzte; ebenso sollte ihm auch jedes essen gehören, das er verlange; ebenso sollte ihm auch jeder mann dienen, den er sähe.
der agent setzte sich in einen stuhl, verlangte essen, wusch sich, legte sich nieder und fragte mit dem gesicht zur wand vor dem einschlafen: „wirst du mir dienen?"
herr egge deckte ihn mit einer decke zu, vertrieb die fliegen, bewachte seinen schlaf, und wie an diesem tage gehorchte er ihm sieben jahre lang. aber was immer er für ihn tat, eines zu tun hütete er sich wohl: das war, ein wort zu sagen. als nun die sieben jahre herum waren und der agent dick geworden war vom vielen essen, schlafen und befehlen, starb der agent. da wickelte ihn herr egge in die verdorbene decke, schleifte ihn aus dem haus, wusch das lager, tünchte die wände, atmete auf und antwortete: „nein."

* *alte Rechtschreibung*

2 Kläre folgende Begriffe: Rückgrat, Illegalität, Agent.

3 EXTRA Überlege, was die „Gewalt" ist. Beschreibe sie in wenigen Sätzen.
Hinweis: Bertolt Brecht ging 1933 ins Exil und kehrte erst 1948 nach Deutschland zurück.

4 EXTRA Es werden in der Geschichte zwei Handlungen dargestellt. Erläutere in Stichworten.

Rahmenhandlung: Herr Keuner verhält sich widersprüchlich. Worin liegt der Widerspruch?

____

____

Binnenhandlung: Herr Egge verhält sich ebenfalls widersprüchlich. Worin liegt hier der Widerspruch?

____

____

5 EXTRA **Erkläre, wie du dich in der Situation von Herrn Keuner verhalten hättest.**

____

____

6 EXTRA **Fasse die Aussage des Textes in einer Frage und einer Antwort zusammen.**

Frage: Wie sollte man sich ____

____

Antwort: Man sollte zwar ______________________________, aber ______________

____

7 **Prüfe, welche Wörter in dem Text auf Seite 58 nach der heute gültigen Rechtschreibung großgeschrieben werden müssten. Überschreibe die Anfangsbuchstaben farbig, und zwar**
- die Wörter am Satzanfang blau **und**
- die Substantive/Nomen rot.

8 EXTRA **Das Folgende schrieb Bertolt Brecht 1955 über Reformüberlegungen zur deutschen Rechtschreibung. Lies den Text und schreibe ihn in der heute gültigen Rechtschreibung. Verwende ein gesondertes Blatt Papier.**

ich bin gegen eine reform der rechtschreibung von solchem ausmass dass alle die bücher, die auf die alte weise gedrukkt sind, schwer lesbar werden. Die grossen buchstaben sollte man aber nur für namen und für die fürwörter in der anrede verwenden. (auch für den satzanfang nicht; da genügt der punkt und ein abstand.) die aussprache sollte in der rechtschreibung berücksichtigt werden. Ich würde schreiben: […] liebe darf man nicht libe schreiben und toll nicht tol. fisik scheint mir in ordnung, wase nicht. Wer ins teater geht sollte einen zilinder aufsezzen können, aber mystik sollte er nicht vorgesezzt bekommen, lieber farsen*. razion liest sich für mich nicht übel, aber razio geht nicht und nazion ist undenkbar, da habe ich einen schokk bekommen.

* *farce = Untergattung der Komödie (des Lustspiels)*

Hervorragende Ausbildung und starke Nerven

1 Überfliege den Text und erkläre mit einem Satz die Überschrift „Hervorragende Ausbildung und starke Nerven“.

2 Lies den Text noch einmal genau. Unterstreiche in jedem Abschnitt die wichtigsten Informationen und notiere Stichpunkte am Rand. Beschränke dich auf das Wesentliche.

In zwei Minuten ist „Christoph 54“ startklar

Christine Bönisch ■ Alarm! Die drei Mann in den orangefarbenen Overalls springen auf und rennen nach draußen zum Start- und Landeplatz ihres Rettungshelikopters „Christoph 54“. In nur zwei Minuten schwebt die Maschine in der Luft und ist auf dem Weg zum Unfallort. Am Feldberg hat ein 17 Jahre alter Snowboardfahrer einen Unfall gehabt. […]

Um bei der DRF (Deutsche Rettungsflugwacht Freiburg) arbeiten zu dürfen, muss man einiges Können aufweisen. Demmel erklärt: „Unsere Piloten steigen mit etwa 2500 Flugstunden ein. Unsere Angestellten weisen im Durchschnitt 6000 Flugstunden auf.“ Die besten Ausbildungsmöglichkeiten böte die Bundeswehr. Ein DRF-Pilot verbringt dort etwa acht bis zwölf Jahre, bevor er zur Luftrettung geht. Einmal jährlich müssen die Piloten eine Fortbildung bei der Flugschule besuchen. Nicht anders sieht es bei den Notärzten aus: Sie müssen sehr viel Erfahrung in der Intensiv- und Notfallmedizin haben. Die Rettungsassistenten haben eine Sonderausbildung in der Intensivpflege. Frauen sind in der Minderzahl. Dies beruhe unter anderem auf der Kraftfrage. „Manchmal ist der Transport der Geräte zur Unfallstelle oder des Verletzten zum Landeplatz des Helikopters durch unwegsames Gelände nicht einfach, da muss man kraftmäßig schon fit sein“, sagt Demmel. Die Arbeit erfordert starke Nerven. Vor allem bei schlechtem Wetter. „Manchmal schaukelt es ziemlich, und man wird ganz schön durchgeschüttelt. Aber Angst haben darf man keine, sonst darf man nicht einsteigen.“ […]

Die Dienstzeiten betragen je nach Jahreszeit neun bis 14 Stunden. „Unser Dienst beginnt um 7.30 Uhr und endet eine halbe Stunde nach Sonnenuntergang. Nachts ist dann die Station in Basel für die Notfallflüge zuständig.“ Die Mannschaft rettet Menschenleben in einem sehr großen Einsatzgebiet. „Für die Notfalleinsätze steht alle 50 Kilometer Luftlinie ein Helikopter bereit: in Freiburg, Karlsruhe, Basel und Villingen-Schwenningen. Es kann aber durchaus auch sein, dass wir mal weiter fliegen müssen für unsere Verlegungspatienten, die von kleineren Kliniken in größere Zentren oder Spezialkrankenhäuser transportiert werden.“ […]

Alle Einsätze werden nach gesetzlich vorgegebenen Sichtflugregeln geflogen. Kann der Helikopter aus wettertechnischen Gründen nicht fliegen, wird der Verunglückte mit dem Rettungswagen transportiert. „Allerdings probieren wir, wenigstens den Arzt so schnell wie möglich zum Unfallort zu bringen." Im Winter wird die Crew oft zu Skiunfällen im Schwarzwald gerufen. Im Sommer muss sie verunglückte Wanderer/Mountainbiker und Gleitschirm- und Drachenflieger retten. Die Besatzung besteht aus einem Piloten, einem Rettungsassistenten, der zugleich auch Kopilot ist, und einem Notarzt. Und natürlich gibt es Platz für einen Patienten, bei Geräteausbau, was aber nur im absoluten Notfall geschieht, würden auch zwei Patienten Platz finden. […]

FAZ, 19.7.05

3 Gib mithilfe deiner Notizen den wichtigsten Inhalt dieses Artikels wieder. So kannst du beginnen:

In einem Zeitungsartikel wird beschrieben, welche

Warum jede Minute zählt

1 Lies den Text und erkläre die Überschrift „Warum jede Minute zählt". Notiere in Stichworten.

____

____

____

____

Wie wird Erste Hilfe richtig geleistet?

Albtraum Verkehrsunfall: Jemand liegt verletzt auf der Straße. Und jetzt? Herzdruckmassage, stabile Seitenlage? Alles vergessen? Die wichtigsten Verhaltensweisen im Notfall werden erklärt von Notarzt Dr. Stefan Gromer (38).

Was tut man, wenn ein Mensch plötzlich zusammenbricht?

Vor allem selbst Ruhe bewahren! Zunächst muss unterschieden werden: Ist die Person bewusstlos oder leblos? Ein Bewusstloser kann trotzdem atmen. Ob jemand leblos ist, wird so getestet: Der Patient wird angeschrien und fest gerüttelt. Man streicht ihm über die Wimpern. Reagiert er auf alles nicht, ist er leblos.
In beiden Fällen wichtig: Sofort wird ein Notruf abgesetzt!

Wie hilft man einem bewusstlosen Menschen?

Ein Bewusstloser wird nicht beatmet, aber stabilisiert. Der Patient wird auf die Seite gedreht. Sein Kopf wird in den Nacken gelegt. Wenn die stabile Seitenlage nicht beherrscht wird, dreht man den Patienten auf die Seite und hält ihn fest.

Und was tun, wenn der Patient nicht mehr atmet?

Wenn der Patient leblos ist, wird als Erstes der Notarzt angerufen. Dann muss sofort mit der Herzdruckmassage angefangen werden. Das Brustbein wird mit beiden Handballen in Richtung Wirbelsäule gedrückt. Dadurch wird das Herz zusammengepresst und wirft Blut aus.

Wie oft muss ich drücken, wie oft pusten?

Man drückt 30-mal und pustet dann zweimal Luft in den Körper. Das Drücken darf nicht unterbrochen werden, damit der Blutfluss nicht zum Stehen kommt. Beatmen kann man durch die Nase oder den Mund. Wichtig ist, dass jeweils die andere Öffnung zugehalten wird. Sonst entweicht die Luft vorzeitig.

Wie werden Kinder beatmet?

Kinder ab zwei Jahren werden im Prinzip genauso beatmet wie Erwachsene. Hier kann man aber etwas schneller pumpen. Ein Ausatmungsstoß wird dann in mehreren kurzen Stößen in den Körper des Kindes gepustet.

Wie kräftig soll gepustet werden?

Die Personen werden so beatmet, dass sich ihr Brustkorb leicht hebt. Man befördert aber nie mehr Luft in den Körper, als man selber ausatmen kann. Es bringt nichts, wenn man nach einer Minute selbst aus der Puste ist und dem Patienten nicht mehr helfen kann. Die Herzdruckmassage muss fortgesetzt werden, bis der Notarzt eintrifft.

Was wird bei schweren Blutungen getan?

Generell gilt: Die Wunde wird nicht abgebunden! Sie wird möglichst steril abgedeckt. Mit einem Druckverband oder mit den Händen wird punktuell auf die Wunde Druck ausgeübt. Sind Arme und Beine verletzt, werden diese, wenn möglich, nach oben gehalten.

Warum ist Erste Hilfe so wichtig?

Wenn der Mensch nicht atmet, das Gehirn also nicht mehr mit Sauerstoff versorgt wird, dann sinkt die Überlebenswahrscheinlichkeit pro Minute um mindestens zehn Prozent. Bis ein Notarzt eintrifft, vergehen meist mindestens zehn Minuten. Dann kann es für den Patienten schon zu spät sein. Deshalb ist Erste Hilfe so wichtig. Auch wenn Fehler gemacht werden können, hilft man einem leblosen Menschen immer mehr, wenn eine Herzdruckmassage gemacht wird, als wenn man nur daneben steht und auf den Notarzt wartet.

2 In diesem Text werden sehr häufig Passivformen verwendet. Erkläre, weshalb das so ist.

____

____

3 Unterstreiche im Text alle Passivformen.

4 EXTRA Verfasse einen kurzen Informationstext über die Erste Hilfe bei Unfällen.
Fasse die wichtigsten Punkte aus dem Text zusammen.

____

____

____

____

____

____

____

Merke

Das Passiv kommt häufig in beschreibenden Texten vor, in denen z. B. ein Vorgang im Vordergrund steht:

Es wird gerettet.
Jemand wird gerettet.
Sie wird gerettet.
...

Ein Drama!

1 Lies die folgende Szene.

Loriot
Fernsehabend*

SIE: Wieso geht der Fernseher denn gerade heute kaputt?
ER: Die bauen die Geräte absichtlich so, daß sie schnell kaputtgehen. *(Pause)*
SIE: Ich muß nicht unbedingt Fernsehen.
ER: Ich auch nicht. Nicht nur, weil heute der Apparat kaputt ist, ich meine sowieso, ich sehe sowieso nicht gerne Fernsehen.
SIE: Es ist ja auch wirklich NICHTS im Fernsehen, was man gern sehen möchte … *(Pause)*
ER: Heute brauchen wir, Gott sei Dank, überhaupt nicht erst in den blöden Kasten zu gucken.
SIE: Nee … *(Pause)* … Es sieht aber so aus, als ob du hinguckst …
ER: Ich?
SIE: Ja …
ER: Nein … Ich sehe nur ganz allgemein in diese Richtung. Aber du guckst hin. Du guckst da immer hin.
SIE: Ich? Ich gucke dahin? Wie kommst du denn darauf?
ER: Es sieht so aus …
SIE: Das kann gar nicht so aussehen … ich gucke nämlich vorbei … ich gucke absichtlich vorbei und wenn du ein kleines bißchen mehr auf mich achten würdest, hättest du bemerkt, daß ich absichtlich vorbeigucke. Aber du interessierst dich ja überhaupt nicht für mich …
ER: *(fällt ihr ins Wort)* Jaaa … jaaa … jaaa …
SIE: Wir können doch einfach mal ganz woanders hingucken …
ER: Woanders? … Wohin denn?
SIE: Zur Seite … oder nach hinten.
ER: Nach hinten? Ich soll nach hinten sehen? … Nur weil der Fernseher kaputt ist, soll ich nach hinten sehen? Ich laß mir doch von einem Fernsehgerät nicht vorschreiben, wo ich hinsehen soll. *(Pause)*
SIE: Was wäre denn heute für ein Programm gewesen?
ER: Eine Unterhaltungssendung …
SIE: Ach … Lesen könnte man stattdessen, Kartenspielen oder ins Kino gehen … oder ins Theater … Stattdessen sitzt man da und glotzt …
ER: Es ist schon eine Unverschämtheit, was einem so Abend für Abend im Fernsehen geboten wird! Ich weiß gar nicht, warum man sich das überhaupt noch ansieht!
SIE: Heute ist der Apparat ja nun kaputt …
ER: Gott sei Dank!
SIE: Ja …
ER: Da kann man sich wenigstens mal unterhalten …
SIE: Oder früh ins Bett gehen …
ER: Ich gehe nach den Spätnachrichten der Tagesschau ins Bett …
SIE: Aber der Fernseher ist doch kaputt.
ER: *(energisch)* Ich lasse mir von einem kaputten Fernseher nicht vorschreiben, wann ich ins Bett zu gehen habe.

* *alte Rechtschreibung*

2 Überlege, wodurch deutlich wird, dass das Paar auch ein anderes Problem hat als nur den kaputten Fernseher. Notiere die Textstellen.

3 Beschreibe das Problem, das dieses Paar hat.

4 Schreibe eine Inhaltsangabe zu dieser Szene.

5 EXTRA Suche dir einen Partner. Übt den Text mit verteilten Rollen zu lesen. Bereitet euch vor, die Szene vorzuspielen.

6 EXTRA Setze die Szene fort. Schreibe den Schluss so, dass das Paar eine gute Lösung für den fernsehfreien Abend findet.

Eine großartige Band

Horst Tögel

„... wir spielen euch in Grund und Boden!“

Das ist das Motto dieser großartigen Band. Seit mehr als dreißig Jahren machen behinderte und nicht behinderte Menschen in der Brenz Band gemeinsam Musik. Manches von dem, was sie erlebt haben, klingt unglaublich – ist aber wahr. Sie haben Moslems und Christen in Beirut zum Tanzen, den Bundespräsidenten zum Jubeln und die UNESCO in Paris zum Umdenken gebracht.

Die weltumspannende Organisation hat die Musiker der Ludwigsburger Band 2005 zu Künstlern für den Frieden ernannt.

Der ehemalige Bundespräsident Horst Köhler schrieb: „Die Brenz Band ist ein schönes Beispiel dafür, was Menschen mit und ohne Behinderung miteinander erreichen können und wie viel Fröhlichkeit es in die Welt bringt.“

1 Lies den Text und kreuze an, was zutrifft.

In der Band

☐ spielen nur behinderte Musikerinnen und Musiker zusammen.
☐ spielen Behinderte gemeinsam mit Nichtbehinderten.
☐ spielen Musikerinnen und Musiker für behinderte Menschen.

Die Band

☐ ist vor kurzem gegründet worden.
☐ spielt seit dem Jahre 2005.
☐ existiert seit über dreißig Jahren.

Die Band

☐ hat vom ehemaligen Bundespräsidenten eine Auszeichnung erhalten.
☐ ist von der UNESCO als „Künstler für den Frieden“ ausgezeichnet worden.
☐ hat die Auszeichnung „Wir spielen euch in Grund und Boden“ erhalten.

Die Band

☐ stammt aus Ludwigsburg.
☐ kommt aus Beirut.
☐ ist in Heidenheim an der Brenz zu Hause.

2 Lies das Vorwort des Buches und gib jedem Abschnitt eine treffende Überschrift.

Vorwort des Buches „Makel los"

Eigentlich gibt es die Brenz Band schon seit 1977. Sie stammt aus Ludwigsburg und ist benannt nach der früheren Schule für geistig Behinderte in der Brenzstraße. Dort haben sie in den siebziger Jahren angefangen mit der Musik, sich dann aber zwanzig Jahre lang aus den Augen verloren. Seit 1997 spielen sie wieder zusammen.

Heute gehören sechzehn Musiker zur Band. Neun von ihnen sind behindert, die anderen behaupten von sich, sie seien es nicht. Die Älteste ist 1931 geboren, der Jüngste 1988. Ihre Musik schlägt Brücken zwischen den Generationen, zwischen Lernbehinderten und mehrfach Behinderten, zwischen der Hefezopf backenden Bauersfrau und dem geistigen Zuspruch spendenden Dekan, die beide nicht wegzudenken sind aus dieser Band.

Begonnen hat die Geschichte mit dem Lehrer Horst Tögel, welcher sich an einen Satz von Karl Popper hielt: „Es hat keinen Sinn zu sagen, alles ist schlecht. Die wirkliche Frage- stellung ist: Was können wir tun, um es besser zu machen? Vielleicht können wir sehr wenig tun. Aber was wir tun können, sollten wir tun. Das ist natürlich eine Einstellung, die den Pessimismus ausschließt."

Für mehr als 200 Konzerte im Jahr werden die Musiker der Brenz Band angefragt, und 60 bestreiten sie. Die Hälfte davon spielt die Band, um Geld für andere zu sammeln. Sie haben eine Tournee im Libanon gemacht, sie traten beim Tag der Deutschen Einheit auf – und sie sind von der UNESCO in Paris zu Künstlern für den Frieden ernannt worden. Diese Ehre wurde Stars zuteil wie Celine Dion, Georges Moustaki und Shirley Bassey – und nie zuvor behinderten Musikern.

Manches von dem, was diese Band erlebt hat, klingt unglaublich. Es war einmal, so beginnen Märchen, und wenn man so will, hat dieses einen besonderen Klang. Zu tun hat das mit den Menschen, von denen es handelt. Um sie geht es in diesem Buch.

3 EXTRA Überlege, wie du den Titel des Buches verstehst. Notiere deine Überlegungen.

4 EXTRA Gestalte ein Cover für eine CD der Brenz Band. Informiere darauf über wichtige Merkmale die Band. Eine Hörprobe erhältst du unter www.brenzband.de.

Liste unregelmäßiger Verben

Grundform	Präsens	Präteritum	Perfekt
befehlen	du befiehlst	ich befahl	ich habe befohlen
beißen	du beißt	ich biss	ich habe gebissen
biegen	du biegst	ich bog	ich habe gebogen
binden	du bindest	ich band	ich habe gebunden
bitten	du bittest	ich bat	ich habe gebeten
blasen	du bläst	ich blies	ich habe geblasen
bleiben	du bleibst	ich blieb	ich bin geblieben
brechen	du brichst	ich brach	ich habe gebrochen
brennen	du brennst	ich brannte	ich habe gebrannt
bringen	du bringst	ich brachte	ich habe gebracht
denken	du denkst	ich dachte	ich habe gedacht
dürfen	du darfst	ich durfte	ich habe gedurft
empfehlen	du empfiehlst	ich empfahl	ich habe empfohlen
essen	du isst	ich aß	ich habe gegessen
fahren	du fährst	ich fuhr	ich bin gefahren
fallen	du fällst	ich fiel	ich bin gefallen
fangen	du fängst	ich fing	ich habe gefangen
finden	du findest	ich fand	ich habe gefunden
fliegen	du fliegst	ich flog	ich bin geflogen
fliehen	du fliehst	ich floh	ich bin geflohen
fließen	es fließt	es floss	es ist geflossen
fressen	es frisst	es fraß	es hat gefressen
frieren	du frierst	ich fror	ich habe gefroren
geben	du gibst	ich gab	ich habe gegeben
gehen	du gehst	ich ging	ich bin gegangen
geschehen	es geschieht	es geschah	es ist geschehen
gewinnen	du gewinnst	ich gewann	ich habe gewonnen
gießen	du gießt	ich goss	ich habe gegossen
graben	du gräbst	ich grub	ich habe gegraben
greifen	du greifst	ich griff	ich habe gegriffen
haben	du hast	ich hatte	ich habe gehabt
halten	du hältst	ich hielt	ich habe gehalten
hauen	du haust	ich haute	ich habe gehauen
heißen	du heißt	ich hieß	ich habe geheißen
helfen	du hilfst	ich half	ich habe geholfen
kennen	du kennst	ich kannte	ich habe gekannt
klingen	es klingt	es klang	es hat geklungen
kommen	du kommst	ich kam	ich bin gekommen
können	du kannst	ich konnte	ich habe gekonnt
kriechen	du kriechst	ich kroch	ich bin gekrochen
lassen	du lässt	ich ließ	ich habe gelassen
laufen	du läufst	ich lief	ich bin gelaufen
lesen	du liest	ich las	ich habe gelesen
liegen	du liegst	ich lag	ich habe gelegen
lügen	du lügst	ich log	ich habe gelogen
messen	du misst	ich maß	ich habe gemessen
mögen	du magst	ich mochte	ich habe gemocht
müssen	du musst	ich musste	ich habe gemusst

Grundform	Präsens	Präteritum	Perfekt
nehmen	du nimmst	ich nahm	ich habe genommen
pfeifen	du pfeifst	ich pfiff	ich habe gepfiffen
raten	du rätst	ich riet	ich habe geraten
reißen	du reißt	ich riss	ich habe gerissen
reiten	du reitest	ich ritt	ich bin geritten
rennen	du rennst	ich rannte	ich bin gerannt
riechen	du riechst	ich roch	ich habe gerochen
rufen	du rufst	ich rief	ich habe gerufen
schieben	du schiebst	ich schob	ich habe geschoben
schießen	du schießt	ich schoss	ich habe geschossen
schlafen	du schläfst	ich schlief	ich habe geschlafen
schlagen	du schlägst	ich schlug	ich habe geschlagen
schleichen	du schleichst	ich schlich	ich bin geschlichen
schließen	du schließt	ich schloss	ich habe geschlossen
schneiden	du schneidest	ich schnitt	ich habe geschnitten
schreiben	du schreibst	ich schrieb	ich habe geschrieben
schreien	du schreist	ich schrie	ich habe geschrien
schweigen	du schweigst	ich schwieg	ich habe geschwiegen
schwimmen	du schwimmst	ich schwamm	ich bin geschwommen
sehen	du siehst	ich sah	ich habe gesehen
sein	du bist	ich war	ich bin gewesen
singen	du singst	ich sang	ich habe gesungen
sinken	du sinkst	ich sank	ich bin gesunken
sitzen	du sitzt	ich saß	ich habe gesessen
sprechen	du sprichst	ich sprach	ich habe gesprochen
springen	du springst	ich sprang	ich bin gesprungen
stechen	du stichst	ich stach	ich habe gestochen
stehen	du stehst	ich stand	ich habe gestanden
stehlen	du stiehlst	ich stahl	ich habe gestohlen
steigen	du steigst	ich stieg	ich bin gestiegen
sterben	er stirbt	er starb	er ist gestorben
stinken	es stinkt	es stank	es hat gestunken
stoßen	du stößt	ich stieß	ich habe gestoßen
streichen	du streichst	ich strich	ich habe gestrichen
streiten	du streitest	ich stritt	ich habe gestritten
tragen	du trägst	ich trug	ich habe getragen
treffen	du triffst	ich traf	ich habe getroffen
trinken	du trinkst	ich trank	ich habe getrunken
tun	du tust	ich tat	ich habe getan
vergessen	du vergisst	ich vergaß	ich habe vergessen
verlieren	du verlierst	ich verlor	ich habe verloren
verzeihen	du verzeihst	ich verzieh	ich habe verziehen
wachsen	du wächst	ich wuchs	ich bin gewachsen
waschen	du wäschst	ich wusch	ich habe gewaschen
werden	du wirst	ich wurde	ich bin geworden
werfen	du wirfst	ich warf	ich habe geworfen
wissen	du weißt	ich wusste	ich habe gewusst
ziehen	du ziehst	ich zog	ich habe gezogen
zwingen	du zwingst	ich zwang	ich habe gezwungen

Liste der Verben mit festen Präpositionen

Verb	Präposition	Beispiel
abhängen	von + Dativ	„Gehst du mit zum Baden?" – „Das hängt von der Witterung ab."
achten	auf + Akkusativ	Wir achten auf eine lesbare Handschrift.
anfangen	mit + Dativ	Sie wollen mit der Diskussion anfangen.
ankommen	auf + Akkusativ	Es kommt auf jeden Schüler an.
antworten	auf + Akkusativ	Antwortet auf jede Frage!
sich ärgern	über + Akkusativ	Ich habe mich sehr über ihn geärgert.
aufhören	mit + Dativ	Hört endlich mit dem Streiten auf!
aufpassen	auf + Akkusativ	Pass auf deine Sachen auf!
sich aufregen	über + Akkusativ	Warum regst du dich über ihn auf?
ausgeben	für + Akkusativ	Er gibt sein ganzes Geld für seine Klamotten aus.
sich bedanken	bei + Dativ für + Akkusativ	Sie bedankte sich bei ihren Eltern für die Hilfe.
sich bemühen	um + Akkusativ	Bemüht euch um eine deutliche Aussprache!
berichten	über + Akkusativ	Die Zeitung berichtete über den Vorgang.
sich beschweren	bei + Dativ über + Akkusativ	Sie hat sich bei meiner Mutter über mich beschwert.
bestehen	aus + Dativ	Die Prüfung besteht aus einem Aufsatz und einem Referat.
sich beteiligen	an + Dativ	Alle beteiligen sich an dem Wettkampf.
sich bewerben	um + Akkusativ	Sie bewerben sich um einen Praktikumsplatz.
bitten	um + Akkusativ	Er bat alle um einen Beitrag.
denken	an + Akkusativ	Hast du an mich gedacht?
diskutieren	über + Akkusativ	Wir diskutieren oft über die Schule.
einladen	zu + Dativ	Ich möchte dich zur Geburtstagsfeier einladen.
sich entscheiden	für + Akkusativ	Für welches Thema entscheidet ihr euch?
sich entschließen	zu + Dativ	Sie entschlossen sich zu einer Winterwanderung.
sich entschuldigen	bei + Dativ für + Akkusativ	Er muss sich bei ihm für sein Verhalten entschuldigen.
erfahren	von + Dativ	Warum erfahre ich erst heute von dieser Sache?
sich erholen	von + Dativ	Hier kann man sich von den Anstrengungen erholen.
sich erinnern	an + Akkusativ	Erinnerst du dich an mich?
erkennen	an + Dativ	Die Fans erkennt man an den roten Mützen.
sich erkundigen	nach + Dativ	Sie hat sich nach dir erkundigt.
erschrecken	über + Akkusativ	Erschrick nicht über meine Haarfarbe!
erzählen	über + Akkusativ von + Dativ	Sie erzählen viel über ihren Urlaub. Sie erzählen viel von ihrem Urlaub.
fragen	nach + Dativ	Er fragt nie nach den Hausaufgaben.
sich freuen	auf + Akkusativ über + Akkusativ	Wir freuen uns auf die Ferien. Ich habe mich sehr über deine Karte gefreut.
gehören	zu + Dativ	Welche Länder gehören zur Europäischen Union?
gewöhnen	an + Akkusativ	Sie muss sich erst an die Familie gewöhnen.
gratulieren	zu + Dativ	Wir gratulieren dir zu deinem Erfolg.
sich handeln	um + Akkusativ	Es handelt sich um eine vertrauliche Sache.
handeln	von + Dativ	Das Buch handelt von einem kleinen Mädchen.
helfen	bei + Dativ	Wer hat dir bei den Hausaufgaben geholfen?
hindern	an + Dativ	Die Musik hindert mich an der Arbeit.
hoffen	auf + Akkusativ	Ich hoffe auf einen Zufall.
hören	von + Dativ	Hast du etwas von ihr gehört?

Liste der Verben mit festen Präpositionen

Verb	Präposition	Beispiel
sich informieren	über + Akkusativ	Informiere dich im Internet über das Buch!
sich interessieren	für + Akkusativ	Wir interessieren uns für die politischen Fragen.
klagen	über + Akkusativ	Sie klagen über das schlechte Essen.
kämpfen	für + Akkusativ um + Akkusativ	Diese Gruppe kämpft für gleiche Rechte. Sie kämpfen um das Leben des Patienten.
sich kümmern	um + Akkusativ	Habt ihr euch auch um die Einladung gekümmert?
lachen	über + Akkusativ	Warum lachst du immer über mich?
leiden	an + Dativ unter + Dativ	Er leidet an einer seltenen Krankheit. Er leidet unter dem Erfolgsdruck.
nachdenken	über + Akkusativ	Denkt nicht erst über die Vorteile nach!
protestieren	gegen + Akkusativ	Sie protestieren gegen ihre Entlassung.
rechnen	mit + Dativ	Ich rechne mit einer Zwei in der Arbeit.
reden	über + Akkusativ von + Dativ	Sie redet nicht gerne über diese Sache. Er redet die ganze Zeit von seiner Freundin.
sagen	über + Akkusativ zu + Dativ	Hat sie etwas über mich gesagt? Zu diesem Thema kann ich leider nichts sagen.
schimpfen	über + Akkusativ	Schimpf nicht immer über die anderen.
schreiben	an + Akkusativ über + Akkusativ	Sie schreibt eine Mail an ihren Freund. Hat sie dir über unser Treffen geschrieben?
sein	für + Akkusativ gegen + Akkusativ	Ich bin für ein Handyverbot in der Schule. Ich bin gegen einheitliche Schulkleidung.
sorgen	für + Akkusativ	Wer sorgt jetzt für die Kinder?
sprechen	mit + Dativ über + Akkusativ	Wir sprachen mit dem Autor über sein Buch.
streiten	mit + Dativ über + Akkusativ	Warum musst du immer mit mir streiten? Über diese Sache lässt sich streiten.
teilnehmen	an + Dativ	Wirst du an der Versammlung teilnehmen?
telefonieren	mit + Dativ	Mit wem telefonierst du?
sich treffen	mit + Dativ zu + Dativ	Sie hat sich mit mir getroffen. Wir treffen uns dort zu einer kleinen Beratung.
sich überzeugen	von + Dativ	Überzeuge dich selbst von ihrem Können!
sich unterhalten	mit + Dativ über + Akkusativ	Ich unterhalte mich gerne mit ihm über neue Filme.
sich verabreden	mit + Dativ	Er ist mit seiner Freundin verabredet.
sich verabschieden	von + Dativ	Ich muss mich jetzt von euch/Ihnen verabschieden.
vergleichen	mit + Dativ	Vergleiche den Hauptsatz mit dem Nebensatz.
sich verlassen	auf + Akkusativ	Ich habe mich fest auf deine Hilfe verlassen.
sich verlieben	in + Akkusativ	Er verliebte sich sofort in sie.
sich verstehen	mit + Dativ	Wie versteht ihr euch mit ihm?
verstehen	von + Dativ unter + Dativ	Sie versteht viel von der modernen Kunst. Was verstehst du unter diesem Begriff?
sich vorbereiten	auf + Akkusativ	Wir haben uns gut auf die Arbeit vorbereitet.
warnen	vor + Dativ	Alle haben mich vor den Hunden gewarnt.
warten	auf + Akkusativ	Auf wen wartest du?
wissen	von + Dativ	Ich habe nichts von dieser Aufgabe gewusst.
sich wundern	über + Akkusativ	Ich wundere mich über diesen Termin.
zuschauen, -sehen	bei + Dativ	Darf ich Ihnen bei der Arbeit zuschauen (zusehen)?
zweifeln	an + Dativ	Ich zweifle an deiner Zuverlässigkeit.

Begriff	Erklärung	Beispiele
Adjektiv, das	Eigenschaftswort, Wiewort	klein, groß, dick
Adverb, das	Umstandswort	heute, sehr, vielleicht
Adverbialbestimmung, die	Satzglied; Umstandsbestimmung z. B. des Ortes, der Zeit, der Art und Weise oder des Grundes, antwortet auf die Fragen Wo? Wohin? Wann? Wie lange? Wie? Auf welche Art und Weise? Warum?	Er kam *dahin.* (Ort) Sie treffen sich *um 9 Uhr.* (Zeit) Es regnete *ununterbrochen.* (Art und Weise)
Akkusativ, der	Kasus (Fall); Wen-Fall, 4. Fall	der Nachbar – *den Nachbarn* die Nachbarn – *die Nachbarn*
Akkusativobjekt, das	Satzglied, antwortet auf die Frage „Wen oder was?“	Sie traf *Paul.* (*Wen* oder *was* traf sie?)
Aktiv, das	das Aktiv stellt die ausführende Person (den Urheber/den Täter) in den Vordergrund; vgl. Passiv	*Daniel schreibt* einen Brief. *Anne bringt* den Brief zur Post.
Artikel, der	Begleiter des Substantivs/Nomens, Geschlechtswort	*die* Frau, *der* Tisch, *das* Haus, *ein* Stuhl, *eine* Frau
Attribut, das	Beifügung, nähere Bestimmung eines Bezugswortes; kein selbstständiges Satzglied; einem Satzglied beigefügt; Attribute antworten auf die Fragen „Was für ein?“ „Wessen?“ Attribute können die Form eines Nebensatzes haben.	Das war ein *interessanter* Film. Er ist der Freund *meiner Schwester.* Das Haus *dort.* Der Frosch, *der auf dem Baum sitzt*, gehört zu den *giftigen* Baumsteigerfröschen.
Dativ, der	Kasus (Fall); Wem-Fall, 3. Fall	der Nachbar – *dem Nachbarn* die Nachbarn – *den Nachbarn*
Dativobjekt, das	Satzglied, antwortet auf die Frage „Wem?“	Sie gibt *ihm* etwas. (*Wem?*)
Deklination, die	Substantive/Nomen und Adjektive werden dekliniert (sind veränderbar).	der Hund, *des* Hund*es*, der freche Hund
Demonstrativpronomen, das	hinweisendes Fürwort	dieser, diese, dieses, der, die, das
direkte Rede, die	wörtliche Rede	Peter sagt: *„Ich fahre mit dem Rad zur Schule.“*
Endbaustein, der	Wortteil, der bei zusammengesetzten Wörtern verwendet werden kann; steht nach dem Wortstamm	-bar, -ig, -isch, -lich, -los, -sam, -en, -eln, -ern, -er, -heit, -keit, -nis, -ung, -tum
Futur I und II, das	Zeitform des Verbs zum Ausdrücken der Zukunft	ich *werde singen*, du *wirst gekommen sein*
Genitiv, der	Kasus (Fall); Wes-Fall, 2. Fall	der Nachbar – *des Nachbarn* die Nachbarn – *der Nachbarn*
Grundbaustein, der	siehe Wortstamm	<u>geh</u>en, <u>Geh</u>steig, <u>Geh</u>er, …
Hauptsatz, der	selbstständiger Satz, kann für sich allein stehen	Das Haus dort drüben ist rot.
Hilfsverb, das	Verb, das auch zur Bildung des Perfekts verwendet wird	haben, sein, werden
Indikativ, der	Wirklichkeitsform (Aussageweise/Modus des Verbs)	Sie *geht* gern ins Kino.
indirekte Rede, die	nicht wörtliche Rede	Er sagte, der Dieb sei ihm bekannt. Er sagte, dass ihm der Dieb bekannt ist. Er sagte, dass ihm der Dieb bekannt sei.
Imperativ, der	Aufforderungsform/Befehlsform (Aussageweise/Modus des Verbs)	*Öffne* bitte das Fenster. *Steh* still! *Sei* leise! *Nimm* das Buch.
Infinitiv, der	Grundform des Verbs, ungebeugte Form	gehen, schwimmen, spielen
Kasus, der	Fall: Nominativ, Genitiv, Dativ, Akkusativ	*der* Hund, *des* Hund*es*, *dem* Hund, *den* Hund
Komparativ, der	1. Vergleichsstufe (des Adjektivs); Mehrstufe	schön – *schöner* – am schönsten
Konjugation, die	Beugung des Verbs	ich *schwimme*, du *schwimmst*, er *schwimmt*, …
Konjunktion, die	Bindewort, verbindet Satzteile oder Teilsätze	und, oder, aber, sondern, denn, als bis, weil, wenn, obwohl, dass
Konjunktionalsatz, der	Nebensatz, der durch eine Konjunktion eingeleitet wird	Ich wünsche mir, *<u>dass</u> Paul mich heute abholt.*
Konjunktiv, der	Möglichkeitsform (Aussageweise/Modus des Verbs) Es gibt den Konjunktiv I und Konjunktiv II. Beide werden in der indirekten Rede verwendet.	Er sagte, er *gehe* gern ins Kino. (Konj.I) Er sagte, er *ginge* gern ins Kino. (Konj.II) Er sagte, dass er gern ins Kino *gehe/ginge.* Er sagte, er *würde* gern ins Kino *gehen.* (Umschreibung mit würde)
Modalverb, das	Verb, das sagt, auf welche Art und Weise etwas geschieht	dürfen, können, müssen, mögen, sollen, wollen, …
Modus des Verbs, der	Aussageweise des Verbs (siehe oben); Plural: die Modi	Indikativ, Konjunktiv, Imperativ
Nebensatz, der	unselbstständiger Satz, kann nicht für sich allein stehen	Ich esse die Suppe, *die ich gekocht habe.*
Nomen, das	Substantiv, Namenwort, Dingwort, Hauptwort	Lisa, Ankunft, Tisch, Bereitschaft
Nominativ, der	Kasus (Fall); Wer-Fall, 1. Fall	der Mann – *die Männer*